Vai ficar mais fácil...
e outras mentiras que contamos às mamães de primeira viagem

Um guia prático e divertido
para futuras mamães

Vai ficar mais fácil... e outras mentiras que contamos às mamães de primeira viagem

Um guia prático e divertido
para futuras mamães

Claudine Wolk

Tradução:
Marsely De Marco Martins Dantas

Editora Novo Conceito

1ª Impressão - 2011

Produção Editorial:
Equipe Novo Conceito

Tradução: Marsely de Marco Martins Dantas
Preparação de Texto: Denise Cristina Morgado
Revisão de Texto: Carla Montagner e Patrícia de Almeida Murari
Diagramação: Priscila Zenari | Hey bro
Capa: Victor Burton

Este livro segue as regras da Nova Ortografia da Língua Portuguesa

Dados Internacionais de Catalogação na Publicação (CIP)
(Câmara Brasileira do Livro, SP, Brasil)

Wolk, Claudine
Vai ficar mais fácil -- : e outras mentiras que contamos às mamães de primeira viagem / Claudine Wolk ; tradução Marsely de Marco Martins Dantas. - Ribeirão Preto, SP : Editora Novo Conceito, 2011.

Título original: It gets easier!-- and other lies we tell new mothers.
ISBN 978-85-63219-28-2

1. Lactentes - Cuidado e tratamento 2. Mães - Guias de experiência de vida 3. Maternidade - Humor, sátira etc. 4. Nascimento I. Título.

11-01262 CDD-649.1

Índices para catálogo sistemático:
1. Mães e filhos : Vida familiar 649.1

Editora Novo Conceito

Rua Dr. Hugo Fortes, 1885 – Pq Industrial Lagoinha
14095-260 – Ribeirão Preto – SP
www.editoranovoconceito.com.br

Para Joseph, Casey e Alyssa,
e para Joe,
meu melhor amigo.

Índice

Todos os esforços feitos para assegurar as informações contidas neste livro são completos e precisos. Contudo, nem a editora nem a autora têm a intenção de oferecer conselhos profissionais ou personalizados. As ideias, procedimentos e sugestões contidas neste livro não têm a intenção de substituir a orientação de um profissional da saúde. Todas as questões relacionadas a sua saúde e a do seu bebê exigem supervisão médica. A editora e a autora não se responsabilizam por perdas e danos supostamente advindos das informações e sugestões deste livro.

Claudine Wolk

Apresentação

De todos os desafios que aguardam a futura mamãe, não há nenhum mais assustador do que o fantasma da *boa mãe* – aquela dos olhos sempre alertas e do largo sorriso no rosto. A *boa mãe* é o espírito que habita em nós, sussurrando que o que estamos fazendo é errado, que estamos pondo tudo a perder, e que ninguém mais sente o que sentimos.

A boa notícia é que os dias de assombração da *boa mãe* estão contados, graças ao trabalho corajoso, engraçado e honesto de mulheres como Claudine Wolk e de livros como *Vai ficar mais fácil... e outras mentiras que contamos às mamães de primeira viagem*.

Quando você dá à luz um bebê, mais do que fraldas e bombinhas o que precisa mesmo é de uma amiga que já tenha passado por isso – e se divertido – para contar a história a você. E isso vale o dobro se a amiga estiver 100% decidida a lhe contar toda a verdade (sem usar os "floreios" das últimas teorias ou das mais novas tendências).

Claudine Wolk é essa amiga. E é isso o que faz deste livro um bom e refrescante copo de chá gelado num dia causticante de verão – ou uma bolsa de gelo sobre os pontos da cicatriz pós-parto.

Há milhares de maneiras de ser uma boa mãe, o que nos conforta, mas às vezes nos deixa bem confusas. Claudine nos ajuda a superar o labirinto inicial da maternidade ao pontuar os itinerários mais importantes com os quais muitas de nós nos deparamos.

E ela desmistifica a mentira, abençoada seja, de que não há regras quando se trata de cuidar de bebês. Na verdade, há. E o fato de saber quais são e como respeitá-las não significa a sua libertação – serão necessárias de duas a cinco décadas para que isso aconteça –, contudo será útil para os cuidados pessoais necessários e para que você possa continuar curtindo a própria vida.

A minha primogênita acabou de fazer 18 anos. Então, atualmente, o meu sono entrecortado está mais relacionado a como ela vai voltar da festa da noite anterior. Agora fico preocupada quando ela não me acorda às duas da manhã!

Não, não vai ficar mais fácil. Mas vai ficar diferente – com momentos de tristeza mais complexos e de alegria mais multicolorida. Por outro lado, não decidimos ser mães porque seria fácil. Decidimos ser mães para obter sucesso neste desafio, nesta aventura. E esta é a maior aventura da vida – não importa o quanto a *boa mãe* tente diminuir sua importância.

Ei, talvez seja por isso que não existam manuais de instruções – porque ser mãe não tem nada a ver com operar máquinas. Há apenas bons guias, porque ser mãe está mais para uma jornada.

Mantenha este livro na sua bolsa. Garanto que tornará seu fardo mais leve.

Susan Maushart,
autora de *A máscara da maternidade*,
Wifework e *What women want next*

Prefácio

Quando comecei este projeto, ia escrever o que chamei de guia abrangente para a mãe de primeira viagem. O livro cobriria todos os tópicos relacionados à maternidade: gravidez, trabalho de parto e nascimento, recuperação e sobrevivência doméstica. Comecei a escrever este livro quando meu primeiro filho era bebê. Isso foi há quatorze anos. Naquela época, procurei um manual que me ajudasse na preparação para a maternidade e tudo o que a acompanha. Não consegui encontrar nada. É claro que atualmente há milhares de livros sobre o assunto.

Conforme ia escrevendo o meu, percebia que acabava me estendendo mais em alguns tópicos do que em outros. O fato é que eu não estava interessada em escrever um guia abrangente afinal de contas. Senti que tinha ótimas dicas relacionadas à estada no hospital, ao trabalho de parto e ao nascimento, mas percebi que tinha mais a dizer quando o assunto era o que acontece depois que o bebê nasce. À medida que ia escrevendo mais, minha tendência era escrever sobre "a experiência da maternidade", e especificamente sobre a forma como as mulheres da minha geração se identificam com ela.

Não tenho a pretensão de falar por todas as mulheres. Cada uma de nós tem pensamentos e sentimentos diferentes no que diz respeito a essa experiência chamada maternidade. Entretanto, é fato que muitas das questões relacionadas aos cuidados do bebê não mudaram. Cuidar de um bebê nos dias de hoje não é diferente de cuidar de um bebê anos atrás. Cuidar de crianças em idade escolar é outra história; isso sim é diferente. As mulheres da minha geração precisavam de soluções – e percebi que queria pelo menos algumas das soluções obtidas por mulheres que foram bem-sucedidas antes de nós.

Os tópicos relacionados a "bebês" que menciono no livro são essenciais para mim: rotina, fazer com que o bebê durma a noite toda, lidar com os sentimentos negativos sobre a maternidade a respeito dos quais poucas pessoas falam. Os outros tópicos relacionados aos cuidados com o bebê representam todas as dicas práticas sobre detalhes pequenos, porém importantes, relacionados à estada no hospital e à sobrevivência nos primeiros meses. Enfim, todas as dicas que gostaria de ter recebido antes da minha primeira ida à sala de parto.

A experiência da maternidade pode ser bem solitária. As mulheres têm medo de abordar certos assuntos que passam por suas mentes por receio de serem tachadas de mães ruins. Alimentar quando o bebê mostrar sinais de fome. Sentimentos negativos sobre o recém-nascido. Privação de sono. Sonecas. Cuidados com a casa. Trabalhar ou não? Tudo isso pode ser muito sufocante.

O que as mulheres mais querem, creio eu, são respostas. Essa geração de mulheres é tão ocupada que quer saber o que funciona e não tem medo de experimentar coisas novas. Mães de primeira viagem querem ser bem-sucedidas na vida. Muitas querem continuar com suas carreiras. Todas certamente querem se sentir bem e manter uma boa aparência, e todas querem continuar a se relacionar bem com seus cônjuges. Senti que as mulheres precisavam de algumas dicas já testadas e que fossem verdadeiras, além de orientação para conseguir mais do que apenas sobreviver a essa etapa da vida chamada maternidade.

Para descobrir tais dicas, entrevistei centenas de mulheres e (alguns) homens de leste a oeste. Fiz perguntas a qualquer um que se dispusesse a falar comigo – amigas e amigas de amigas, familiares, minha mãe, minha sogra, amigas da minha mãe, mulheres nos parquinhos e pessoas desconhecidas em aviões. Suas percepções, juntamente com minha experiência pessoal e pesquisas, estão neste livro, que conta ainda com uma pitada de humor – pois todos sabemos que o humor pode ser aquele pouco de água que ajuda o remédio a descer, mesmo não sendo fácil.

Agradecimentos

O mais importante é agradecer ao meu talentoso marido Joe, por sua criatividade ilimitada em relação à produção deste livro e por ser meu amigo, companheiro e também um pai dedicado. Uau, Joe! Agradeço ao meu pai, Tom Feledick, meu primeiro editor, que me ensinou a escrever com sua habilidade criteriosa para editar e inacreditável para compor. Agradeço à minha mãe, Peg Feledick, cujas orientações, aconselhamentos, percepções e revisões estão alinhavadas em todo este livro. Agradeço à minha agente, Verna Dreisbach, por sua perseverança incessante em encontrar um lar incrível para *Vai ficar mais fácil...* Agradeço ao pessoal da AMACOM, particularmente meus editores, Ellen Kadin e Andy Ambraziejus, que acreditaram neste projeto desde o começo, acrescentando muita emoção à produção deste livro. A Susan Maushart, cuja fé neste livro é a razão que me faz continuar a escrever, e cujos próprios livros, tão populares, pavimentaram a estrada da "honestidade na maternidade". Obrigada.

Agradeço a Brian Taylor e Nina Taylor, da Pneuma Books, e a Sharon Castlen, da Integrated Book Marketing. Agradeço a Lisa Henderling pelo inacreditável desenho da capa original lançada pela AMACON. Agradeço a Chris Moyer pelo engenhoso conceito sobre desenho de capa original e a Marge Brescia pela fotografia. Também gostaria de agradecer a Judith Norkin, que dividiu seu talento para escrever comigo. Agradeço a Heather Kelly, mestre pela IBCLC, que foi muito gentil em responder a todas as minhas perguntas sobre amamentação.

Estarei sempre em dívida com meus amigos, familiares, colegas de trabalho, vizinhos e desconhecidos que encontrei em parquinhos, aviões e restaurantes e em qualquer lugar que avistasse uma mãe ou pai que se dispusesse a conversar comigo sobre o fato de ser pai ou mãe de primeira viagem. Sou extremamente grata a todas as mulheres escritoras pela coragem de escrever sobre esses assuntos. Toda vez que leio seus livros sei que não estou sozinha ao querer tornar a maternidade mais fácil para as mães! Gostaria de agradecer aos membros da minha família imediata, que me encorajaram com seu exemplo de realizar grandes feitos, incluindo minha avó, Marguerite, que teria gostado muito deste livro, minha Nana e Pop-pop, cujo amor incondicional continuo a sentir; e meu sogro, Joe. Sinto falta todos os dias de suas risadas e sorrisos.

Capítulo 1

Segredos de quem já passou por isso!

Maternidade era a última coisa sobre a qual havia pensado em escrever quando me formei no Ensino Médio. Bolsa de estudos, bolsa de estudos, bolsa de estudos. Era só nisso que pensava. Quando consegui uma para estudar na Saint Joseph's University, na Filadélfia, mudei o disco e me concentrei em conseguir boas médias, boas médias, boas médias. Depois de me formar, só pensava em carreira, carreira, carreira. Mas depois de trabalhar por quatro anos, eu me vi casada e esperando o primeiro filho. Não foi uma decisão que demorei muito tempo para tomar ou que exigiu muito discernimento. Se pensei nisso de alguma forma, foi algo do tipo: "A pessoa casa e fica grávida. Certo? Certo!".

Meu filho nasceu em 1993, duas semanas antes do previsto. Estava voltando para casa do trabalho quando meu trabalho de parto começou. Ao chegar com ele em casa, depois de sair do hospital, estava o mais mal informada possível. Li *O que esperar quando se está esperando*, obviamente, mas nem cheguei perto de livros que tratavam de cuidados com o bebê. Imaginei que cuidar do meu bebê aconteceria naturalmente e que eu iria gostar disso. Ledo engano.

Depois de duas semanas alimentando-o quando necessário (método mais conhecido como colocar a mamadeira na boca do meu filho toda vez que ele chorava e vendo-o não só mamar pouco como também continuar colocando os pulmões para fora), estava convencida de que ele não era meu e pronta para devolvê-lo ao hospital. "Como as mulheres podem gostar disso?", pensava. "*Mentirosas, são todas mentirosas*", dizia a mim mesma.

Vasculhava as prateleiras das livrarias à procura de ajuda, mas não encontrava nada. Além de os livros não trazerem nada sobre o choro incessante ou sobre o que fazer com ele, pareciam também omitir totalmente a verdade sobre aqueles primeiros dias e semanas. Eu precisava de algumas respostas, então telefonei para o médico, que disse que aquilo ia passar em três meses. Três meses! Como eu ia fazer para aguentar três meses? Usar alucinógenos não era uma opção. Eu estava afundando e afundando cada vez mais rápido. Antes era gerente de um escritório de contabilidade com cinco profissionais sob a minha supervisão, mas agora minha vida se resumia a trocar fraldas, segurar, ninar e amamentar um bebê mal-humorado. Não havia sorriso em meu rosto e no do bebê também não.

Não conseguia acreditar que maternidade era aquilo: tristeza e choradeira e ser escravizada por um bebê exigente. Estava desesperada atrás de ajuda. Precisava da verdade e estava disposta a procurar por ela até encontrá-la. Os livros não a mencionavam. Os médicos já tinham sido excluídos. Foi quando comecei a perceber que outras mães poderiam ter as respostas que eu estava procurando. Comecei pela minha própria mãe.

– No começo, ninguém gosta muito mesmo – ela confessou. Só agora ela me dizia isso. – Leva um tempinho até recebermos o primeiro sorriso e é aí que você vê que tudo vale a pena.

Fiquei aliviada ao descobrir que minha própria falta de sentimentos felizes era normal, mas rapidamente passei a assuntos que me pressionavam mais.

– Dar mamadeira sempre que ele chorar? – perguntei. – Dou mamadeira para essa criança o tempo todo e ele ainda chora.

– Também já sei o que fazer – ela disse após conversar com uma amiga que a deixou a par da "rotina", o resto todos já sabem. A "rotina" foi a primeira informação que recebi durante minha busca por respostas, como mãe de primeira viagem, de alguém que entendia do assunto. Falarei da rotina dos bebês com mais detalhes no Capítulo 8. Assim que aprendi sobre a rotina, suspeitei que havia mais informações a serem descobertas.

> Prometo que é fácil!
>
> **Alguns bebês regurgitam muito. Isso não significa necessariamente uma alergia ou um problema de refluxo ácido. Às vezes, algo que se parece muito com outra coisa nem sempre é. Pegue uma colher de sopa cheia de leite e espalhe sobre a mesa para ver como ela realmente fica.**

E estava certa. Minha pesquisa contínua revelou um tesouro repleto de truques, segredos e dicas que as mães não publicam. Elas preferem ficar de boca fechada, pois muito do que dizem pode não ser considerado politicamente correto. Afinal de contas, quem quer de fato admitir que essa tal experiência da maternidade não é sempre o mar de rosas que a propaganda da TV prega?

Essa informação de quem já passou por isso foi tão útil que decidi registrá-la para que pudesse compartilhar com outras mães. Conforme os meses foram passando e meu filho foi entrando numa rotina razoável, decidi pesquisar mais sobre outras questões com as quais tinha de lidar. Essa pesquisa tomou a forma de conversas informais com outras mães que trabalhavam o dia todo dentro de casa. Depois de dois anos, decidi ser uma mãe que não trabalha fora. Foi então que as coisas começaram a ficar interessantes. Tinha todo um novo território a ser explorado. Comecei a frequentar lugares em que as mães que não trabalham fora frequentam – *shopping centers*, parquinhos internos, parquinhos externos, parques e escolas de educação infantil – e falei com todo mundo que estava disposto a falar comigo. As perguntas eram geralmente as mesmas:

* Quando é que se acha que a criança está regurgitando muito?
* Você tem uma rotina?
* É necessário que uma mãe espere quantas semanas para que seu filho durma a noite toda?
* Você deixa seu bebê chorar?
* Você oferece cereais antes de um ano de idade?

Prometo que é fácil!

Bebês que descansam bastante dormem mais que bebês que não conseguem descansar. Não pule as sonecas a fim de ajudar seu bebê a dormir melhor a noite toda. O efeito será totalmente contrário!

Também fiz as perguntas "proibidas", apesar de ter reservado esse tipo de pergunta às mães com bebês mais velhos ou com crianças.

* Como você se sente ficando em casa?
* Você sente falta do trabalho?
* Sua relação com seu marido mudou?
* Por que as mulheres não falam do que *realmente* sentem?

Por doze anos registrei os pensamentos das outras mulheres e a minha experiência pessoal sobre o que realmente funcionava. A experiência aborda três crianças, uma mudança para o outro lado do país e o retorno, e várias incursões no mundo do trabalho. Este livro é o meu maior esforço de apresentar às mães de primeira viagem uma ajuda num tom honesto e bem-humorado – uma alternativa ao velho ditado "Vai ficar mais fácil". Prometo.

É claro que uma das fontes mais comuns de informação sobre gravidez e maternidade são os livros. Eu também li livros para me preparar para a gravidez e encontrei informações úteis; até hoje encontro. O que senti que faltava nos livros é o que tento contemplar aqui num tom de aconselhamento sem censuras. Sabe, o conselho "por detrás das câmeras" que ninguém nos conta. Este é o tipo de conselho que acabei obtendo ao conversar com outras mães – as mães da minha geração e das gerações passadas. Estou animada para dividi-lo com vocês todas, pois acredito honestamente que isso irá ajudá-las tremendamente na luta para cuidar de um recém-nascido, de você mesma e da família do século XXI. No mínimo servirá como um empurrãozinho nesta experiência.

Resumo

Foi um pouco desconcertante perceber que os primeiros momentos da maternidade não eram tão fáceis como pensei que seriam. Estava sempre olhando por detrás dos ombros, perguntando-me se alguém estava percebendo que eu não curtia a maternidade todos os segundos do dia. A verdade é que, apesar de muitas não admitirem, adentrar a maternidade é extremamente difícil. Acaba com as costas, é interminável, confuso, frustrante e ingrato. Você não está feliz por ter decidido ler este livro? Com certeza sei como fazer o sol brilhar para todos, não sei? A boa notícia é – a ajuda está aqui. Continue a ler para descobrir ótimos conselhos advindos de minha pesquisa e experiência, e as formas de deixar tudo um pouco mais fácil. Usar alguns desses conselhos irá capacitá-la a aproveitar a maternidade muito mais sem ter de mentir sobre como você realmente se sente.

Capítulo 2

Deixando tudo pronto e caindo na real!

É estranho como todo mundo decide guardar os conselhos verdadeiramente úteis somente para si mesmo quando você está grávida, pois toda mulher grávida recebe uma variedade enorme de conselhos desnecessários, e a fonte disso são geralmente estranhos que, por engano, acreditam que o corpo da mulher grávida é de domínio público. Quando eu estava grávida de oito meses do meu primeiro filho, uma mulher me parou no *shopping* para dizer que eu não podia tomar Coca-Cola *diet*. Por alguma razão, quando se trata de mulheres grávidas, as noções de etiqueta são deixadas para lá e todo mundo tem algo a dizer.

Ignorar "conselhos" de estranhos é provavelmente uma boa ideia – especialmente se vierem acompanhados de preconceito ou negativismo. Uma outra coisa a ser ignorada são as histórias assustadoras que todos contam. Você sabe quais histórias. As do tipo "fiquei em trabalho de parto por dez dias e só tive três centímetros de dilatação". Ignore-as. Seria até melhor você nem dar muita atenção aos capítulos que falam sobre as histórias "assustadoras" nos livros. Há alguns anos as mães nem tinham acesso a tanta informação. Pergunto-me se às vezes não é melhor passar por uma situação com o menor conhecimento possível sobre as coisas que poderiam provavelmente dar errado. Falei *assustador*? Falei *coisas que poderiam dar errado*? Esqueça tudo isso. Vamos nos concentrar na preparação para o nascimento – e não estou falando de preparar um quarto com pompa e circunstância. Estou falando de seguir conselhos realmente necessários e que ninguém conta a você.

> Prometo que é fácil!
>
> **Quando se levantar para pegar o bebê no meio da noite, certifique-se de segurar no corrimão para descer a escada.**

Preparações desnecessárias

O "planejamento do nascimento"

Depois de assistir a quase mil episódios de *A história de um bebê**, você poderá sentir-se mais motivada a preparar um planejamento do nascimento. A propósito, isso é algo que as enfermeiras do hospital adoram. Elas morrem de rir. O planejamento do nascimento é um plano passo a passo para que não ocorra nada de errado na hora do parto que trará a pequena Júlia ou o pequeno Gabriel ao mundo.

A maioria dos planos de nascimento inclui os seguintes elementos essenciais:

* Fique em casa o máximo de tempo possível quando o trabalho de parto começar.
* Ouça música suave.
* Assista a um vídeo.
* Cerque-se de *todos* os seus parentes.

---

* Programa exibido diariamente no Brasil pelo canal Discovery Home and Health, da TV paga. (N. da T.)

* Recuse todos os remédios.
* Mostre-se alegre e faceira enquanto seu marido lhe oferece cubos de gelo e dá as coordenadas de respiração.
* Comemore com champanhe depois do parto.
* Preencha o formulário do parto mais perfeito do ano.

Na realidade, o que a maioria das mulheres vivencia é algo mais parecido com isso:

* Sente-se totalmente insegura em relação a estar em trabalho de parto ou não.
* Tenta seguir a rotina respiração/cubos de gelo por umas dez horas.
* O marido massageia suas costas por dez minutos e já começa a reclamar que o pulso dói.
* O médico verifica o colo do útero e conta que, apesar de todo o trabalho duro, você ainda está apenas com três centímetros de dilatação.
* O médico rompe a sua bolsa com algo que mais se parece com uma agulha de tricô. Será que aquilo é mesmo um instrumento cirúrgico?
* Anda para lá e para cá ou senta-se em uma cadeira de balanço?
* Ouve que o líquido amniótico continua caindo no chão com certa frequência.
* Sobe na cama e continua a respirar enquanto o marido e o médico discutem o placar do evento esportivo na televisão.
* Percebe que a respiração não faz absolutamente nada para aliviar a dor, que ironicamente não desaparece por completo apesar de o monitor mostrar que a contração acabou.
* Implora por um anestesista. Apesar de a agulha usada parecer aterrorizante, agora ela é vista como a luz no fim do túnel.
* Ignora o marido quando ele diz que tomar remédios não estava no plano de nascimento.
* Explica com todo respeito que, se você não tomar uma peridural, ele vai fazer vasectomia assim que você sair do hospital.

* Sente o alívio quase que instantâneo da peridural e jura que assim que tudo isso acabar vai trocar o marido pelo anestesista.
* Começa a fazer força.
* Faz força por uma hora antes de o médico decidir que, além da episiotomia, vai usar sucção para chegar ao bebê.
* O bebê nasce com a cabeça em formato de cone e faz xixi no seu marido.
* Pede para que a enfermeira jogue o seu plano de nascimento no lixo.
* Esquece o champanhe e, em vez dele, pede um sanduíche de peru.

Não há problemas em elaborar um plano de nascimento, mas coloque "Manter a mente aberta" no topo da lista. Partos nem sempre saem como planejados. O importante é sobreviver ao parto e ir para casa com um recém-nascido saudável. Se a dor é maior do que você esperava, peça uma peridural. Esteja aberta a fazer algumas mudanças em seu plano de nascimento durante o trabalho de parto.

Preparação necessária

Tomar medicamentos ou não

A decisão de usar medicação durante o parto irá provavelmente resultar no seu primeiro encontro com o sentimento de culpa. Se você está tentando tomar uma decisão importante, procure ficar longe dos conselhos gratuitos. "Tente não usar medicação. Não faz bem para o bebê", diz a maioria das pessoas. Deixe isso pra lá. A escolha é sua. É você quem está sentindo as dores de dar à luz um bebê. Se você quer passar por isso sem remédios, tente! Contudo, não se sinta culpada se decidir mudar de ideia.

A maior parte do material de referência observa que 95% das mulheres grávidas usam peridural. A medicação está lá para ser usada e não representa ameaça alguma ao bebê. A American College of Obstetrics and Gynecology nos apresenta um ponto de vista sobre essa questão:

> *O trabalho de parto acarreta dores intensas às mulheres. Não existe outra circunstância em que se considere aceitável que uma pessoa experiencie tamanha dor, passando por intervenção segura e estando sob os cuidados de um médico. O pedido da mãe é justificativa suficiente para que se ministre algo que alivie a dor durante o trabalho de parto.*[1]

Para mim funciona! Onde estava essa referência quando eu dava à luz o meu primeiro filho?

Converse com seu médico sobre a possibilidade da utilização de uma peridural. Se o seu médico em específico não estiver disponível durante o seu trabalho de parto, *descubra quem mais pode autorizá-la a tomar uma peridural*. Disseram a uma amiga muito próxima que ela não poderia tomar a peridural porque seu médico não estava lá para autorizar. Ela passou por tudo sem anestesia. Ai!

A coisa mais importante em relação a essa decisão significativa é a seguinte: a escolha é sua, e você sempre pode mudar de ideia! Apenas reflita sobre isso antes de entrar na sala de parto.

Peito ou mamadeira?

Se a decisão de usar medicação na hora do parto é o primeiro teste pelo qual a culpa faz a mamãe de primeira viagem passar, então a decisão de dar o peito ou não é definitivamente o segundo. Todo mundo quer que você amamente. Seu obstetra, seu pediatra, a sociedade, La Leche* – todo mundo mesmo. Como diz o ditado, "Amamentar é a melhor opção!". Mas o problema é o seguinte: nenhuma dessas pessoas vai estar com você de manhã quando estiver alimentando seu filho pela décima segunda vez no dia – nem em nenhuma das horas e nem em nenhum dos dias, para dizer a verdade.

---

* A La Leche League é uma organização internacional, sem fins lucrativos, fundada em 1956 para dar informação, encorajamento e apoio, por meio da ajuda de mãe para mãe, a todas as mulheres que queiram amamentar. A La Leche League está presente em mais de 50 países. A LLL Internacional é uma das principais autoridades mundiais em matéria de amamentação. (N. da T.)

Amamentar é uma decisão pessoal para a mãe de primeira viagem; afinal de contas, envolve, de maneira íntima, suas glândulas mamárias. A maioria das mulheres que entrevistei e que experimentaram jura, de forma absoluta, que amaram amamentar. Mas há algumas mulheres que odiaram. Tais mulheres disseram que acharam insatisfatório, fisicamente desgastante e doloroso.

O que descobri (e você sem dúvida também tem de descobrir) é que existem muitas opiniões sobre o assunto. Todos os livros sobre maternidade apresentam uma opinião diferente. Alguns tentam convencê-la a amamentar, e outros incluem as confissões e apologias da autora sobre não experimentar ou não apoiar a amamentação. No livro *Sippy cups are not for Chardonnay* [*Copos de treinamento não servem Chardonnay*], Stephanie Wilder-Taylor descreve como mentiu para a enfermeira que a acompanhava dizendo que estava amamentando ainda quando, na verdade, já estava usando mamadeira há algum tempo.[2] Imagine só, ter medo de contar a verdade à pessoa a quem está pagando para te ajudar! Da mesma forma, em *Baby laughs* [*Piadas de bebê*], eu ainda estava com os pontos da cirurgia quando li a coluna "Claro, diz aí", de Jenny McCarthy, sugerindo que a melhor maneira de tirar uma "maníaca por amamentação" de perto de você é dizendo que acabou de "fazer cocô na cama".[3]

O que tudo isso faz com a mãe de primeira viagem? Bem, o conselho mais importante que daria a você é que forme uma opinião sobre o assunto antes de chegar ao hospital. A equipe do hospital vai logo de cara perguntar a você se vai querer amamentar, pois querem começar o processo imediatamente. Se você ainda não estiver bem certa quando entrar em trabalho de parto, faça quantas perguntas forem necessárias e mantenha a mente aberta. Se tem certeza de que não quer amamentar, expresse sua opinião na primeira oportunidade. Faça com que toda pessoa que perguntar a você saiba como se sente e faça isso com convicção.

Quando tive meu primeiro filho, fui a primeira das minhas amigas a ficar grávida. Portanto, não só não fazia a menor ideia do debate dar o peito *versus* dar a mamadeira, como também não tinha lido nada nem pesquisado coisa alguma sobre amamentação. Literalmente saí do mundo dos negócios para entrar no mundo das "mamães de primeira viagem". Não me senti culpada por dar a mamadeira ao meu filho. Ia voltar a trabalhar e amamentar não parecia uma possibilidade a longo prazo. Não conhecia muitas mães de primeira viagem, então não havia ninguém para me dar sermão sobre não dar o peito ao meu filho.

Quando meu terceiro filho nasceu, sete anos depois, o cenário da amamentação havia mudado drasticamente. Tinha planejado usar o que eu já conhecia – a mamadeira – mas definitivamente fizeram o maior *lobby* para que eu tentasse amamentar no hospital. Descobri que tinha de ser firme. De forma proposital, falava para qualquer um que quisesse ouvir: – Optei pela mamadeira, obrigada! – finalmente, quando o pediatra entrou no meu quarto para fazer o primeiro *check-up* no bebê, ele me disse: – Você percebeu que é a única mãe dentre as dezessete da maternidade que *não* está amamentando? – e aí ele disse algo ainda mais interessante: – Que bom! – curioso, não é?

Vou falar de dicas e questões sobre amamentação com mais detalhes no Capítulo 4. Contudo, quero deixar claro aqui que apoiaria uma mãe quer ela tivesse escolhido amamentar, quer ela tivesse optado por dar a mamadeira. Sinto de forma veemente que, se uma mulher quer amamentar, ela deve fazê-lo, e deve conseguir fazê-lo no trabalho, no parque, ou em qualquer outro lugar público. Morro de rir ao ver como a sociedade permite que os seios sejam mostrados na TV, no cinema, em capas de revistas, na rede de restaurantes Hooters, e como todo mundo se ofende quando olha para uma mulher amamentando. Não entendo. Dê a ela todo o apoio de que precisa, todo o tempo de que precisa, toda a liberdade de que precisa para fazê-lo.

Da mesma forma, deixe as mulheres que decidiram dar mamadeira em paz! É óbvio que muitas mulheres usam leite em pó, seja exclusivamente ou como complemento em algum momento. Afinal de contas, nunca ouvimos nada sobre as companhias de leite em pó estarem fechando as portas. Então, está na hora de sair do armário!

Sua preocupação como mãe de primeira viagem é cuidar do seu bebê da melhor forma que puder. Para tanto, é preciso que cuide primeiro de você mesma. Se isso significa amamentar, ótimo! Se significar dar mamadeira, não se preocupe!

A "conversa" com o marido

Antes de dar à luz você terá várias oportunidades de dizer as palavras prediletas de seu marido: – Precisamos conversar. Sim, é isso mesmo, você verá o pelo da nuca dele ficar todo arrepiado ao mesmo tempo que o medo percorrerá a espinha dorsal de seu marido.

Converse com ele antecipadamente sobre como as coisas poderão ficar depois que o bebê nascer. Não espere, repito, *não espere* o nascimento do bebê para discutir esses assuntos. Seria o mesmo que esperar casar para decidir se vocês querem ter filhos ou não. Seria recomendável conversar com o obstetra e o pediatra sobre algumas dessas questões. Eles podem ser fontes de informação incalculáveis. Segue uma lista de alguns dos assuntos que podem ser discutidos. Como você pode ver, alguns provavelmente vão exigir mais de uma conversa para que se chegue a um acordo.

* **Se for menino, vamos circuncidá-lo?** Essa é definitivamente uma pergunta que você *não* quer fazer durante sua primeira estada no hospital. É também um assunto sobre o qual seu marido com certeza já tem uma opinião formada.

* **O que a amamentação envolve?** Querido, anime-se! Meus peitos vão ficar expostos, o tempo todo, e seu acesso a eles será negado por um tempo, mas divirta-se ao ver o seu filho em cima deles.

* **Nós dois vamos continuar trabalhando fora?** Você pode responder o seguinte: – Gostaria de parar de trabalhar o mais rápido possível, o que é que *você* vai fazer para tornar isso

possível? – ou talvez você diga algo assim: – De forma alguma vou deixar meu emprego. Já passou pela sua cabeça ser um pai que não trabalha fora?

* **Quem vai cuidar do bebê durante o dia?** Vamos procurar por uma babá ao estilo *Família Sol-Lá-Si-Dó*[*] ou uma jovem babá estrangeira?

* **Como você vai levar e buscar a criança no berçário todos os dias?** Converse sobre dividir esta tarefa. O bebê foi feito por vocês dois; vocês dois deveriam participar da tarefa de transportar o bebê até o berçário.

* **Quais as tarefas domésticas que serão divididas?** Em outras palavras, dar à luz não vai, como que por mágica, transformá-la em June Cleaver.[**]

* **Quem vai acordar no meio da noite?** Só porque o peito é seu não significa que você tem de acordar sozinha no meio da noite. As bombinhas existem para isso, ou ele poderia trazer o bebê para você, ou talvez até mesmo fazer-lhe companhia. Isso só vai acontecer em um mundinho que gosto de chamar de *A fantasia de toda mãe de primeira viagem!* Se você optar pela mamadeira, os peitos são irrelevantes!

* **Quem vai fazer supermercado?** Sempre pode-se recorrer à entrega em domicílio, ou comprar pela Internet, ou ainda optar pela entrega sem frete.

---

[*] *The Brady Bunch*, que foi apresentado aqui no Brasil por algumas emissoras como *A Família Sol--Lá-Si-Dó*. Era uma série em forma de *sitcom* estadunidense criada e produzida por Sherwood Schwartz Productions em associação com a Paramount Television. Narrava as crônicas de uma família formada pela união entre um pai com três filhos e uma mulher com três filhas. (N. da T.)

[**] June Evelyn Bronson Cleaver é a personagem principal da *sitcom* estadunidense Leave it to Beaver. June e seu marido, Ward, são sempre mencionados como referência de pais ideais dos anos 1950. (N. da T.)

* **Que tipo de jantar você pretende fazer?** Faça com que ele saiba que, se vocês sobreviviam à comida comprada fora antes do bebê, podem continuar vivendo assim.

* **O que esperar em relação à recuperação da mamãe?** Você pode dizer algo do tipo – Minha recuperação vai ser longa e árdua. Não espere que eu cozinhe, limpe ou lave roupa. Minha única atividade será cuidar do bebê e descansar por pelo menos um ano – não significa que vai dar certo.

* **Depois de quanto tempo podemos voltar a ter relações sexuais?** Sexo seria uma atividade legal de se pensar novamente... depois de passado um ano inteiro ou talvez apenas quatro semanas! Simplesmente não sei! Por favor, tente visualizar um bebê saindo da minha vagina. Isso pode diminuir seu desejo. E, a propósito, sim, Virginia, você pode ficar grávida logo após ter um bebê, então, se você quer voltar à ação, planeje à altura.

* **Vamos receber visitas?** Coloque uma trava na porta, faça uma barricada se preciso for. Ninguém passa pela porta a menos que traga uma destas duas coisas: comida ou produtos de limpeza!

* **Vamos contratar alguém para ajudar?** Desista das páginas amarelas, "vamos precisar de um barco maior". (Se você não reconheceu a frase, precisa assistir ao filme *Tubarão* novamente).

Preparativos práticos

Faça estoque de absorventes

Sendo prática, é bom fazer um estoque de absorventes em casa. Seu marido definitivamente vai ficar agradecido se você fizer isso com antecedência, sem precisar mandá-lo comprar. Não ria! Ninguém me disse que eu ia precisar de absorventes depois do nascimento do bebê – e talvez você precise até antes. Caso sua bolsa se rompa em casa (ou,

Deus permita que não, quando você estiver na rua), você precisará deles até chegar ao hospital. Quando tive meu segundo filho, a bolsa rompeu no meio da noite. Consegui chegar até o vaso sanitário e sentei-me nele enquanto telefonava para o meu médico e para os meus pais. Pedi ao meu marido que pegasse absorventes no armário do outro banheiro. Depois que saí, vi que ele havia deixado cinco absorventes em cima da bancada para mim – O que vou fazer com isso? – perguntei. – Colocar um em cima do outro como blocos de montar?

Prometo que é fácil!

Quando médicos e enfermeiras aconselham-na a não segurar algo que seja mais pesado que o bebê, eles estão falando sério. Ignore esse conselho por sua conta e risco!

Faça as malas do bebê

Pois é, essa é fácil, e você provavelmente já ouviu esse conselho antes. Mas vamos falar de algumas coisas não tão óbvias de se colocar na mala. Uma das dicas mais úteis que podemos compartilhar é ter um pequeno caderno e uma caneta para anotar o número de mamadas *versus* o número de fraldas sujas de cocô ou xixi (anotando a hora das trocas). O caderno também será útil para anotar perguntas ao pediatra, obstetra e enfermeiras. É bem provável que você pense em muitas questões quando estiver sozinha, mas que se esqueça de perguntá-las quando os médicos e enfermeiras aparecem para ver você e o bebê. O caderno também pode ser usado para anotar sentimentos e acontecimentos que podem ocorrer durante o dia. Meus cadernos acabaram se tornando fontes de consulta para o histórico de cada bebê.

Anote e leve os telefones de amigos e familiares ou quaisquer números de emergência que possa precisar. É importante também ter o telefone do obstetra e do pediatra. Você nunca saberá quanto tempo terá para telefonar para essas pessoas antes de ir ao hospital, e com o advento dos celulares, poderá entrar em contato com quem quiser.

Tenha com você os livros *O que esperar quando se está esperando* e o livro do Dr. Spock, *Baby and childcare* [*Cuidados com bebês e crianças*] (ou qualquer outro livro que estiver lendo) para o caso de ter alguma pergunta que queira pesquisar. Deixe-os na mesa ao lado da sua cama para que possa pegá-los com facilidade após o parto.

Certifique-se de ter colocado meias confortáveis na mala bem como uma presilha para prender o cabelo, sabonete para o rosto, sabonete para o corpo, uma bolsinha de cosméticos contendo o básico – hidratante, rímel e batom, caso use. Você vai se sentir mais à vontade se tiver essas coisas com você.

Esconda umas chupetas

Sei que você provavelmente é contra o uso da "pepê", mas deixe algumas escondidas em sua casa, caso precise. Você pode até pensar em ser contra o uso mas, assim que vir como elas operam milagres no hospital, poderá mudar de ideia a respeito delas. Acredite em mim quando digo que você não vai querer parar no meio do trajeto do hospital até sua casa para comprá-las.

Resumo

Reservar um tempo para conversar sobre assuntos relevantes como o uso da peridural, dar a mamadeira *versus* dar o peito, e quem vai faltar no trabalho quando o bebê ficar doente não é a forma mais agradável de se passar uma tarde de sábado, mas imploro que você faça isso em algum momento. Muitas mulheres grávidas ficam apreensivas em relação a tocar nesses assuntos e procrastinam as conversas difíceis até a hora de entrar na sala de parto ou depois do nascimento do bebê. Adiar conversas simplesmente aumenta o estresse para quando a hora da tomada de decisões chegar. A questão é, assim como o bebê, esses assuntos vão acabar saindo no final. Diminua a dor pensando e falando sobre isso *antes* de o bebê chegar. Leia para descobrir mais dicas de preparação para o trabalho de parto e o nascimento.

Capítulo 3

Dicas sem censura para a hora do parto e depois

Não importa a forma como acontecerá com você – seja pelo rompimento da bolsa em casa seguido das dores do trabalho de parto, ou pela indução, ou por parto cesárea –, pode ser que você sinta necessidade de algumas dicas de quem já passou por isso. Seguem algumas dicas sobre trabalho de parto, nascimento e estada no hospital que podem fazer com que você se sinta um pouco mais à vontade.

Ouça as enfermeiras

A primeira e mais importante dica é ouvir tudo o que as enfermeiras dizem. Digo para ouvir as enfermeiras porque elas são as pessoas com quem você vai estar a maior parte do tempo. São também elas as pessoas que acompanham trabalhos de parto e nascimento há anos. Suas informações são muito valiosas; algumas sabem muito mais sobre trabalho de parto e nascimento do que os médicos. Peça conselhos a elas. E se elas oferecerem conselhos gratuitamente, aceite-os também.

Quando dizem como você deve fazer força, preste atenção. Elas sabem do que estão falando. Quanto mais produtiva for a sua força, mais fácil será para o bebê nascer.

Prometo que é fácil!

Quando você não conseguir suportar o choro por mais nem um segundo, coloque o bebê no berço. Não há nada errado em fazer uma pausa. Nossos pais e avós consideravam o choro um exercício para os pulmões.

Respirando durante a dor

Quando entrei em trabalho de parto na minha terceira gravidez, tive uma ótima enfermeira obstétrica que era nova na clínica. Ela me deu tanto apoio e me ajudou tanto. Ela me encorajou a usar a respiração durante todo o trabalho de parto. Ela usava um broche que dizia "Ouça as mulheres" e repetia: – Ouça seu corpo. Você conhece o seu corpo, sinta como o seu corpo está dizendo o que você tem de fazer para ter este bebê – senti-me tão poderosa. Lembro-me de ter pensado, "Vou conseguir, vou conseguir". Depois, cheguei a um estado de transição e comecei a pensar "Não vou conseguir, não vou conseguir". Comecei a pensar em como as contrações vinham uma atrás da outra e em como a respiração não tinha me ajudado nem um pouco nos partos anteriores. Era a hora de chamar o Sr. Anestesista, ou como gosto de me referir a ele: "Super-homem".

Super-homem

É bom que você saiba que leva uns vinte minutos para que o Super-homem chegue ao seu quarto, portanto não espere até a dor ficar insuportável. Vinte minutos parecem vinte anos quando você está sentindo dor. Peça o anestesista antes de a dor ficar incontrolável. É claro que você pode recusar-se a tomar anestesia. Quando o anestesista chegou à porta do quarto durante a minha terceira gravidez, eu o reconheci na hora. Ele esteve presente no meu segundo parto e era muito bom. Meu marido e eu respiramos aliviados quando o vimos. Depois que ele inseriu a medicação, disse que eu iria sentir um "pouco de calor no traseiro". Eu falei para o meu marido: – Finalmente vou ter uma bunda *caliente*! – o alívio foi quase que imediato. Enquanto o Super-homem se preparava para sair, disse: – As mulheres devem dizer que te amam o tempo todo – e ele respondeu: – Sim, elas dizem com bastante frequência.

Prometo que é fácil!

Quanto tempo terá de esperar para que o bebê durma a noite inteira? Isso pode ser a qualquer momento. Alguns bebês de apenas algumas semanas já dormem. É incomum, mas com alguns meses já é normal.

Laxativos

Depois do parto a enfermeira provavelmente lhe dará remédio para dor e laxantes. Tome-os! "Laxante?", você vai dizer, "Por que vou precisar disso?" Deixe-me dizer uma coisa: é bem provável que você perceba que o movimento intestinal nunca foi tão importante antes. Sabe quando está assistindo a um programa de TV sobre partos e ouve as enfermeiras dizerem para a mulher em trabalho de parto fazer o máximo de força possível? Bem, depois de algumas horas de força máxima (e uma laceração ou uma episiotomia), a área toda fica "um pouco" diferente. O canal vaginal e o ânus ficam bem mais próximos do que um dia você imaginou ou até mesmo pensou a respeito. Só de pensar num movimento intestinal mais difícil nessa área tão sensível você já terá calafrios! Sem falar que a equipe do hospital ficará o tempo todo perguntando: – Seu intestino já funcionou?

Todo mundo fica tão animado com isso! Eles fazem uma festa no hospital quando o intestino da primeira garota que teve bebê funciona. Os laxantes realmente ajudam. Tudo bem, tenho de admitir, eles podem não fazer uma festa, mas será um dos primeiros passos para que você se sinta normal novamente.

Bolsas de gelo

Depois do parto a enfermeira lhe dará umas bolas de gelo (parecem absorventes que você abre e chacoalha para ficarem gelados – *voilá*!) para usar no períneo com algodões embebidos de óleo de amêndoas e pomadas para cicatrização da área. Use tudo isso! Eu colocaria os algodões com o óleo de amêndoas por cima da bolsa de gelo e espalharia a pomada por cima do óleo de amêndoas. Também compraria Dermoplast* para ter em casa e passaria o *spray* na área toda vez que fosse ao banheiro. Para mim, foi de grande alívio e ajudou na cicatrização do local. Pode acreditar quando digo que, quanto mais rápido essa região cicatrizar, melhor você se sentirá fisicamente. E quanto melhor você se sentir fisicamente, melhor se sentirá mentalmente.

Leve os produtos para casa

Pergunte às enfermeiras sobre todos os produtos úteis existentes para que possa tê-los em casa. Elas sempre ficavam imaginando como eu acabava com as bolsas de gelo tão rapidamente. A verdade é que eu as trocava assim que elas começavam a perder o gelo, pois sentia que era o frio que me trazia alívio. As enfermeiras me diziam que as bolsas de gelo eram úteis nas primeiras vinte e quatro horas. Pode ser que seja verdade, mas o gelo me fazia sentir melhor e usei-o durante os primeiros dias em casa. Trouxe tantas bolsas para casa que nem precisei usar todas. Na verdade, acabei usando as que sobraram como bolsinhas de gelo para os galos na cabeça e nas manchas roxas das crianças. Apenas não lhes contava que aquilo era "a bolsinha de gelo usada como absorvente íntimo da mamãe". Você pode e deve continuar usando esses produtos em casa.

---

* Dermoplast é um *spray* à base de benzocaína usado para aliviar a dor, porém não é comercializado no Brasil. (N. da T.)

Prescrição para dor

Depois do parto, peça à enfermeira ou ao médico que prescreva medicação para dor. As dores pós-parto podem ser aliviadas consideravelmente com isso. Você não precisa usar, mas é bom saber que está lá. É claro que, se estiver amamentando, terá de aguentar a dor.

Prometo que é fácil!

Preste muita atenção à técnica de enrolar o bebê que as enfermeiras usam no hospital. Peça-lhes que mostrem a você como se faz. Enrolá-lo na coberta de forma firme é bem agradável aos recém-nascidos.

Comece a registrar

Assim que você chegar à sala de recuperação, comece a usar o seu diário para registrar as vezes que seu bebê come, dorme, evacua ou urina. Pergunte às enfermeiras do berçário se seu recém-nascido tomou algum leite e escreva o que ele mamou e por quanto tempo. Esse caderno também é bom para registrar os presentes que você receber. Pode ser que você queira escrever cartões de agradecimento. Pode ser difícil registrar todos os presentes que aparecem (e tudo fica mais difícil de registrar quando não se está dormindo o suficiente). Você facilmente conseguirá escrever os cartões de agradecimento se mantiver um registro em seu diário sobre quem deu o quê.

O berçário

Não há problema em deixar o bebê no berçário para que você possa descansar. Não se sinta culpada, especialmente se não estiver amamentando. Tente tirar proveito da paz enquanto puder; você passará muito tempo com o bebê em breve. "Alojamento conjunto" é ótimo, desde que seja de acordo com as suas regras. Tenha em mente que essa pode ser sua única chance de ter algum tipo de ajuda com os cuidados com o bebê durante a noite.

Nem sempre as mulheres ficavam sozinhas para cuidar de um recém-nascido. O romance *A tenda vermelha*, ambientado no período bíblico, fala da tradição de todas as mulheres na tribo que se reuniam na tenda vermelha para celebrar o milagre do nascimento. As mulheres ficavam com a mãe por volta de um mês e cuidavam do bebê, trazendo-o à mãe para mamar. Elas mimavam a mãe para que ela recuperasse a força e curtisse o nascimento de seu filho. Acho que um mês de descanso parece ideal para começarmos a nos sentir curadas. O que recebemos hoje? Assim que o bebê nasce, começa a contagem regressiva: 48 horas (ou até 24, em alguns estados) e você sai do hospital. Quando esse tempo acaba, você vai para casa para cuidar sozinha de si mesma e do bebê juntamente com os cuidados da casa, do marido e de tudo mais que cuidava antes do nascimento do bebê. A tenda vermelha me parece uma ótima ideia. Acho que uma tradição boa e perfeita pode ter sido deixada para trás.

> **Prometo que é fácil!**
>
> **Se seu bebê está tomando muito leite ou mamando no peito demoradamente e ainda assim parece ter fome, considere experimentar algum tipo de cereal de arroz. Se o bebê ainda não estiver pronto para isso, ele simplesmente cuspirá, empurrando a língua para fora.**

Instruções das enfermeiras

Pare uma enfermeira num canto e pergunte-lhe se ela não estaria disposta a explicar a você e sua família a lista de tarefas que você não vai poder fazer por um tempo. Apesar de ter acabado de dar à luz, sua família pode esperar que você continue fazendo as mesmas coisas que fazia antes. Eu pedi a uma enfermeira que conversasse com meus filhos no dia em que saí do hospital depois do nascimento do meu terceiro filho. Ela ficou feliz por fazer isso por mim.

As enfermeiras conhecem o trauma pelo qual seu corpo passou. Elas também passaram pela volta para casa após um parto ou têm alguém bem próximo que tenha passado por isso. Por que não pedir à enfermeira para conversar com você, seu marido *e* seus filhos sobre o que a mamãe pode fazer em casa? Minha enfermeira explicou aos meus filhos mais velhos que não esperassem que a mamãe fosse pegá-los no colo ou que fizesse tudo por eles por um tempo. Ela também lhes disse que a mamãe precisava descansar quando chegasse em casa, senão teria de voltar ao hospital. Esse tipo de dica você não recebe quando faz o curso sobre o método Lamaze*.

Presentes para as enfermeiras

No dia em que sair do hospital, peça ao seu marido que traga uma lembrancinha para a enfermeira que auxiliou durante o parto e para a que auxiliou no pós-parto (um vale-presente, uma caixa de chocolate ou um cartão). As pessoas sempre se esquecem desses profissionais, mas não será difícil para você se lembrar de como elas foram importantes no momento do parto e no primeiro dia de recuperação. Mostre a elas sua gratidão. Pode ser que algum dia você tenha de voltar!

Não se esqueça de perguntar sobre a alimentação

Pergunte ao pediatra quanto leite em pó o bebê deve tomar nessa fase (e nas próximas duas semanas). Você não vai querer se preocupar se o bebê está tomando leite suficiente ou não. Na consulta das duas semanas, você pode perguntar novamente. Se estiver amamentando, pergunte quanto tempo deve amamentar em cada peito. Pode ser que as enfermeiras deem um pouco de leite para você levar para casa, o que é bom. As mamadeiras pré-prontas são ótimas, mas fora do hospital são caríssimas. Peça à enfermeira o máximo de leite que conseguir levar.

---

* O método Lamaze foi desenvolvido pelo obstetra francês Fernand Lamaze como uma alternativa à intervenção médica durante o parto. O objetivo do método de Lamaze é manter a mãe relaxada e focalizada na respiração. (N. da T.)

Dicas para cesarianas

Se você passar por um parto cesariana, estas dicas podem ser úteis:

Prometo que é fácil!

Muitas mulheres relatam uma mudança dramática em seus relacionamentos com o marido depois do nascimento do primeiro filho. Infelizmente, essa mudança não é para melhor. Pense um pouco nas maneiras de nutrir seu relacionamento depois da chegada do bebê.

* Entenda que os medicamentos dados durante o parto podem durar por algum tempo, mas depois perdem o efeito. Diga "sim" à prescrição de medicamentos que você pode tomar no hospital e depois levar para casa. Quando sentir que consegue usar ibuprofeno, faça-o, pois as outras medicações podem causar constipação.
* Apesar de ficar mais tempo no hospital do que no caso de um parto normal, você ainda precisará descansar quando voltar para casa depois de uma cesariana. Fique longe de escadas, da cozinha e da faxina. Pense em contratar alguém para auxiliá-la.
* Limpe a incisão diariamente com água e sabão. Fique de olho na incisão, certificando-se de que não há sinal de infecção.
* Tenha travesseiros extras à mão para ajudá-la a dormir de forma mais confortável.
* Você ainda terá sangramento vaginal, portanto faça um estoque de absorventes. Fique de olho nesse sangramento também.
* Tente se movimentar um pouco mais a cada dia. O movimento poderá ajudá-la no processo de cicatrização.
* Insista em ser tratada como qualquer outra pessoa que tenha passado por uma intervenção cirúrgica.

Resumo

O parto de cada mulher é uma experiência única. Contudo, algumas partes desse momento único são comuns a todas nós. Por exemplo, saber antes da hora que pedir por uma peridural pode levar alguns minutos para se conseguir pode ser uma informação de valor incalculável para a mamãe de primeira viagem! Espero que essas dicas ajudem você a se sentir mais preparada e tornem a sua experiência mais confortável. Espero também que essas ideias auxiliem-na a superar o pior medo: o medo do desconhecido. Continue lendo para vislumbrar os primeiros dias em casa com um recém-nascido.

Capítulo 4

Amamentar é amar

Não há assunto mais polêmico do que este na atualidade para a mãe de primeira viagem. É claro que estou falando de amamentação. Todo mundo tem uma opinião formada em relação ao fato de a mãe amamentar ou não. Os colaboradores são muitos: seu médico, seu cônjuge, seus amigos, sua sogra, o cara que a levou de cadeira de rodas para a sala de parto, toda a Academia Americana de Pediatria e a mais famosa promotora dentre todos: a enfermeira carinhosamente conhecida no hospital como a "maníaca por amamentação". Quando foi que seus seios tornaram-se objeto da opinião mundial? Num dia eles são seus, no outro pertencem ao seu bebê – e mais, pertencem à sociedade em geral.

– Você simplesmente tem de amamentar – todos vão dizer. – Não há substituto para o peito – você vai ouvir. É como aquele episódio do programa Seinfeld* em que Jerry, Elaine e toda a gangue vão até

* Seinfeld é uma *sitcom* exibida originalmente nos Estados Unidos pela rede NBC por nove temporadas, entre 5 de julho de 1989 e 14 de maio de 1998. Foi criada por Larry David e Jerry Seinfeld, este último estrelando o programa como uma versão fictícia de si mesmo. (N. da T.)

Hamptons para visitar o bebê recém-nascido de uma amiga. "Você tem de ver o beebeeê!", as pessoas não paravam de repetir. É a mesma situação. "Você tem de amameeentaaar!" É isso que toda mãe de primeira viagem ouve durante toda a gravidez. Outros mantras parecidos logo fazem coro a esse: "Amamentar é amar". "Amamentar é natural". "Amamentar é fácil e conveniente". Armadas com tais banalidades, as mães vão para o parto confiantes em suas habilidades para amamentar. Muitas pensam: "Vou tentar amamentar e ver como me saio". O que vem em seguida pode ou não ser o que a mãe de primeira viagem esperava.

Minha falta de experiência pessoal com a amamentação me fez realizar uma pequena pesquisa com amigas, colegas de trabalho e afins para saber quais foram seus sentimentos e vivências quanto à amamentação. Uma pesquisa adicional mais extensa foi feita de forma *online* e *offline*. O que descobri é que as questões relacionadas à amamentação são muitas. A pressão sufocante que a mãe da atualidade sofre para que amamente e a diferença entre os mitos da amamentação e a realidade são preocupações essenciais de muitas das mães de primeira viagem. A variedade de experiências é de importância primordial. Como o mesmo processo pode variar "taaanto" de mulher para mulher? Finalmente, as entrevistas e pesquisas revelaram algumas dicas maravilhosas que poderão ajudar a mãe de primeira viagem que deseja amamentar a ter sucesso nesta empreitada.

Ah, a pressão

A mãe de hoje não tem muita escolha quando se trata de amamentar. Tudo bem, talvez a mãe tenha a escolha teórica. Apesar de bombardeadas por uma onda de sentimentos, muitas mães, entretanto, conseguem dizer "não" à *melhor nutrição que existe na face da terra* no momento seguinte ao nascimento do pacotinho? A resposta é: não muitas. De acordo com os Centros de Controle e Prevenção de Doenças norte-americanos, 77% das mães de primeira viagem amamentam seus bebês, a maior porcentagem em 20 anos.[1] Os benefícios da amamentação estão em toda a parte. Na verdade, a publicidade é *tão* eficaz que aposto que todo homem e mulher poderiam citar pelo menos três benefícios da amamentação sem esforço algum. Não vou enumerar todos os benefícios aqui, pois, se a teoria antes mencionada for verdadeira, você já conhece todos eles! Contudo, vou mencionar que um novo estudo sobre amamentação garante que seu bebê será milionário, terá um corpo perfeito e viverá até os 150 anos! Tudo bem, estou brincando, mas só um pouquinho. *Blogs*, *websites*, a televisão, livros sobre bebês, médicos, enfermeiras, toda mãe que amamentou no mundo levantam a bandeira da amamentação, insistindo que toda mãe de primeira viagem deve fazê-lo! Não me espanta muitas mães decidirem tentar. A pressão pode ser uma boa coisa. Amamentar *é* bom. O problema pode surgir, entretanto, quando uma mãe de primeira viagem, armada com um simples mantra, "Amamentar é natural", faz a primeira tentativa e descobre que não é tão fácil como pensava inicialmente.

Prometo que é fácil!

"Amamentar tranquilizava e era uma ótima maneira de passar algum tempo com o bebê."

Nos resultados da minha pesquisa, 50% das mães disseram que, para sua surpresa, o que pensavam que aconteceria naturalmente não aconteceu. Se 77% das mães de primeira viagem amamentam seus bebês assim que nascem, quantas delas continuam a amamentar depois que percebem que não é algo tão "natural" quanto pensavam que fosse? De acordo com um relatório da Brigham Young University, de abril de 2008, apenas 36% amamentam durante seis meses[2]. Parece, então, que a pressão para amamentar atinge 77%, mas a realidade da amamentação, por uma razão ou por outra, impede que a mãe amamente de seis meses a um ano, como a Academia Americana de Pediatria recomenda.[3] Uma maneira de tornar a experiência da amamentação um sucesso pode ser por meio da análise de algumas realidades e mitos da amamentação.

Os mitos da amamentação

Mito nº 1: Amamentar é fácil

A ideia de que amamentar é natural é absolutamente verdadeira. O problema é que muitas mulheres, inclusive eu, confundem natural com "fácil". As informações dizem que amamentar *não é fácil* no começo. Apesar de acontecer de forma mais fácil para algumas mulheres (gostamos de nos referir a elas como "Supermães"), o consenso é de que amamentar é uma habilidade que deve ser *aprendida*. Talvez fazer força para o bebê nascer e esperar de si mesma que seus peitos funcionem imediatamente para amamentá-lo não é a melhor estratégia que a mãe de primeira viagem deva usar.

Prometo que é fácil!

"Fiquei surpresa ao perceber que amamentar não ocorreu de forma natural comigo como ocorreu com as outras."

Mito nº 2: Amamentar é indolor

Uma revisão adicional sobre as informações existentes indica que o *início* da amamentação é, sim, associado a algum tipo de dor. Têm-se registros de que algumas pessoas sentem intensas dores. No livro de Stephanie Wilder-Taylor, *Sippy cups are not for Chardonnay*, ela diz que: "Dói como se um macaco reso estivesse mordendo o bico do seu seio, só que com mais gritos – não por parte do bebê"[4]. Sendo assim, a verdade é que: amamentar pode ser doloroso no começo.

Mito nº 3: Você não pode amamentar dentro de uma rotina ou usar suplementos

Um dos maiores mitos da amamentação é que ela só pode ser feita de uma forma. Minha pesquisa com mulheres que amamentaram mostra que existem sim muitas outras formas quando se trata de amamentação. Algumas mulheres amamentam de forma exclusiva, baseadas no método da *criação com apego*[5]. Algumas amamentam e tiram leite com a bomba para que o bebê tome uma mamadeira quando elas estiverem trabalhando fora. Outras amamentam seguindo uma rotina mais flexível, como a descrita no livro *Nana nenê*. Outras, ainda, têm problemas nas semanas iniciais e acabam dando mamadeira, preocupadas por seus dias de amamentação terem chegado ao fim. Com o especialista em lactação adequado, contudo, essas mães podem continuar amamentando pelos próximos dez meses. Uma estratégia prática, combinando ajuda com informações objetivas, pode ser muito positiva.

> Prometo que é fácil!
>
> **"Pensei que seria maravilhoso amamentar, mas odiei."**

As verdades sobre a amamentação

Verdade nº 1: Amamentar é conveniente

Um benefício com que as mulheres preponderantemente concordam é o de que amamentar é conveniente. A habilidade de poder alimentar a qualquer hora e em qualquer lugar, possibilitando uma fonte de nutrição perfeita, é uma das grandes vantagens da amamentação.

Verdade nº 2: É bom amamentar

Novamente, há um acordo preponderante entre as mulheres que amamentam de que, assim que aprendem a técnica, essa passa a ser uma atividade "relaxante", "de afetividade" e "recompensadora", para citar apenas algumas vantagens. Algumas expressaram a sensação de considerarem a amamentação uma "realização absoluta". Uma mulher me disse: "a habilidade de usar meu corpo para nutrir meu próprio filho era simplesmente emocionante".

Verdade nº 3: Amamentar não é para todo mundo

Apesar de haver uma grande porcentagem de mulheres em minha pesquisa que amamentou e considerou o feito recompensador, há uma porcentagem menor que sentiu exatamente o contrário ao amamentar.

Baseando-me em suas respostas sobre amamentação era difícil acreditar que todas as mulheres estavam descrevendo a mesma experiência. Tais mulheres me disseram que, para elas, amamentar era "estranho", "muito doloroso" e "horrível". Muitas dessas mulheres que passaram por uma experiência negativa sentiam-se muito culpadas e achavam que havia algo errado com elas. Isso me deixa triste. É bem conhecido o fato de que, por inúmeras razões, algumas mulheres não conseguem amamentar. Se você é uma dessas mulheres, ou se simplesmente não quer passar por essa experiência, não amamente e não se preocupe com a sua decisão. O importante é lembrar-se de alimentar seu bebê e cuidar dele.

Prometo que é fácil!

"Amamentar foi uma experiência única, recompensadora e que mudou a minha vida."

Dicas e sugestões sobre amamentação

Se o maior mito da amamentação é que se trata de algo fácil, mesmo não sendo, a melhor maneira de ser bem-sucedida ao amamentar é pesquisando sobre o assunto. Apesar de muitas mulheres lerem livros antes de entrarem em trabalho de parto, creio que a sensação dominante de que amamentar é "natural" pode levar a mãe de primeira viagem a pular esse assunto em *todos* os livros que ler. Baseada em minha pesquisa recente, aprendi com as mães que amamentaram que isso é um processo *de forma alguma* considerado natural e fácil, e sim uma habilidade que deve ser aprendida. Uma forma de aprender essa arte é observando outra mulher amamentar. Pegue uma amiga, um familiar ou uma vizinha que esteja amamentando e observe como ela faz. Faça várias perguntas. Há forma melhor de aprender algo do que observar, no momento em que está com as mãos na massa, uma pessoa que sabe fazê-lo?

Uma outra ótima ideia para aumentar suas chances de sucesso ao amamentar é procurar um especialista em lactação ou uma enfermeira obstétrica que o seu hospital ou pediatra recomendam. (Pode ser que seu convênio médico cubra o especialista em lactação.) Não seria ótimo ver um rosto familiar para orientá-la durante as primeiras mamadas no hospital? Você reservou um tempo para entrevistar pediatras que concordam com essa filosofia, não foi? Por que não fazer o mesmo para conhecer um especialista em lactação que entre em sintonia com você também? Pode ser que você tenha de voltar a trabalhar após seis semanas; como sua estratégia pode acomodar essa necessidade? Pode ser que você queira que seu marido dê mamadeira uma vez por dia; como pode manter a produção de leite de peito para atingir esse objetivo? Pode ser que você queira seguir uma rotina de amamentação. Todas essas escolhas afetarão o tipo de especialista que você quer ter ao seu lado. Não seria ótimo ter um especialista em lactação com você assim que o bebê nascer para ajudá-la a amamentar durante os primeiros meses? Imagine como você vai se sentir confiante!

Prometo que é fácil!

"O que mais me surpreendeu na amamentação foi o fato de que eu não conseguia amamentar."

Resumo

Amamentar é maravilhoso. Escolher amamentar será uma das primeiras decisões que você vai tomar como mãe de primeira viagem. Se você quer amamentar, tente não se deixar levar pela pressão que rodeia este ato. Informe-se observando mães que amamentam e fazendo muitas perguntas. Entre em contato com um especialista em lactação que entenda a sua situação pessoal e o lugar que você acha que a amamentação ocupa em sua vida. Leia tudo o que puder sobre o mecanismo da amamentação. Informe-se. Saiba que amamentar é algo que se aprende, mas que é também uma função natural que o corpo da mulher desempenha. Acima de tudo, lembre-se no final do dia: seus seios podem possuir a perfeita alimentação natural, mas ainda são seus.

Capítulo 5

Isso não passa na TV

Você já se perguntou por que no programa *A história de um bebê*, que passa na TV a cabo, os pais nunca aparecem no dia que voltam para casa do hospital? Por quê? O que acontece nesses primeiros dias em casa após a chegada do bebê? Não é excitante. É o que posso dizer. Cada criança é diferente, mas talvez este capítulo ajude-a a encontrar semelhanças que possam diminuir seus medos em relação ao que é "normal".

Depois do nascimento do meu terceiro filho, registrei exatamente o que acontece nesses primeiros dias. Se sobrevivi a eles, creio que você possa se beneficiar disso. Tive a presença de espírito de registrar tudo, pois queria escrever este livro: há uma grande diferença entre como você se sente ao trazer seu *primeiro* filho para casa e como você se sente ao trazer seu *terceiro* filho para casa. Acrescentei alguns *flashbacks* dos dias que se seguiram ao nascimento do meu primeiro filho, Joseph. Essas lembranças, como você pode ver, ainda estão bem claras em minha mente.

Primeiro dia

Promeťo que é fácil!

Faça um diário para registrar as horas de sono e mamadas do bebê. Registre os momentos de agitação excessiva. O diário vai ajudá-la a se lembrar do que precisa e a pensar com clareza quando o dia e a noite começarem a se misturar.

Meu marido me buscou no hospital com as duas outras crianças ao seu lado. Já tinha pedido à enfermeira que conversasse com meus filhos e fiquei observando seus olhinhos ficarem cada vez mais arregalados. Depois que a enfermeira deu as instruções para meus filhos mais velhos sobre como a mamãe deles ia se sentir, começamos a caminhar pelo corredor. Eu estava de cadeira de rodas carregando o bebê e lembro-me do sorriso das pessoas no corredor para a nossa família feliz. Entramos no carro e eu me sentei no banco da frente depois de acomodar o bebê todo torto na nova cadeirinha que era de longe grande demais para o biotipo de um recém-nascido. Coloquei vários cobertores dobrados no pé da cadeirinha para proteger o bebê. Ainda estava todo torto. O descanso da cabeça também estava no lugar. E o bebê continuava mal-acomodado.

Como os tempos haviam mudado. Quando levamos o primeiro bebê da família Wolk para casa, sentei-me no banco de trás e segurei sua cabeça sonolenta durante toda o caminho de volta para casa. O bebê número três não pôde ter tal tratamento. Deixei-o todo mal-acomodado enquanto seguia para casa no banco da frente. É isso que chamamos de síndrome do terceiro filho.

Chegamos por volta de uma da tarde. Coloquei o bebê em seu bercinho e sentei-me na poltrona com os pés para cima. As crianças da vizinha vieram mais do que rapidamente com sua mãe para ver o bebê. Essa foi uma boa visita pois, logo depois, eles levaram as crianças para brincar na casa deles.

Estávamos mudando de casa, por isso morávamos temporariamente em um apartamento enquanto nossa nova casa estava sendo construída. Não nos sentíamos bem em trazer um recém-nascido a um apartamento apertado, mas a situação teve as suas vantagens.

Meu marido e eu colocamos frango com legumes congelados no forno para o jantar. O bebê dormiu a maior parte do dia e acordou em intervalos de quatro em quatro horas para mamar. Naquela altura o bebê mamava de 10 a 30 ml a cada mamada. Sei que não é uma leitura relaxante, mas eu disse que ia contar a verdade a você. Essa é a verdade. A quantidade de leite que seu bebê consome é muito importante, sério! Agora eu sei por que isso não constava em nenhum outro livro que li. É entediante!

Eu estava bem. Tentei cuidar bem da minha incisão para que ficasse limpa e cicatrizasse logo. Trouxe bisnagas plásticas da maternidade e coloquei água morna (não quente!) para limpar a área perineal. Era uma situação ridícula e pedia a Deus que ninguém me pegasse usando a bisnaga em mim. A bisnaga é uma dica que ninguém mais passa a você. Caminhava com cuidado e tentava descansar com os pés para cima a maior parte do dia. Senti que minhas emoções estavam estáveis. Entretanto, não me senti assim quando meu primeiro filho nasceu e eu cheguei em casa do hospital.

Flashback: No dia em que cheguei em casa com meu primeiro filho, estava bem abalada. Meus pais vieram nos visitar naquele dia e trouxeram bifes com queijo derretido (prato típico da Filadélfia e eu sou de lá) para nos ajudar. Eu mal cheguei à porta para recebê-los e já estava aos prantos. Só o fato de olhar para o meu pai já me levou ao choro incontrolável. Contudo, ele não se amedrontou. Ele olhou para o meu marido, abraçou-me e disse: – Isso acontece – minhas emoções estavam completamente descontroladas. Acho que parte de mim queria que meus pais me levassem para casa com eles em vez de ter de ficar ali cuidando do bebê. Acalmei o choro incontrolável após alguns dias. Depois disso, chorei por motivos reais, tais como: "Todas as minhas amigas estão por aí se divertindo enquanto eu estou presa com este bebê que não para de gritar!"

> **Prometo que é fácil!**
>
> **A bisnaga plástica é sua amiga. Continue usando-a depois de ir ao banheiro.**

Conforme a primeira noite com nosso terceiro filho ia se aproximando, eu improvisei um trocador (usando um cobertor) na mesa da cozinha. Usava esse "trocador" no meio da noite. Umas das grandes vantagens de se morar em um apartamento sem escadas. Além disso, tudo parecia estar ao meu alcance. Dava para trocar o bebê enquanto aquecia a mamadeira.

Naquela noite, meu marido levou o bercinho para o nosso quarto, assim nós dois poderíamos dormir em nossa cama. Afinal de contas, tínhamos dormido distante por duas noites. Eu sentia a falta dele. Ofereci-me para ficar na sala de estar com o bebê, mas meu marido insistiu para que ficássemos juntos. Ainda estávamos nos aprontando para dormir, às onzes horas da noite, quando o bebê acordou. Lembro-me de ter respirado fundo, com o braço do meu marido ao meu redor, quando o choro começou.

O bebê ainda estava agitado, mas tinha mamado às dez da noite, então eu não sabia bem o que fazer. Tirei-o do berço e começamos a caminhar pela sala. Algumas pessoas chamam isso de "marchar". O choro não acordou meus outros filhos. Isso me deixou aliviada. Suspeitei no hospital que o bebê ficaria meio mal-humorado à noite. No dia anterior, por volta das dez horas, ele começou a ficar agitado e eu disse à enfermeira: – Tudo bem, pode levá-lo ao berçário agora.

Esse choro noturno foi o começo do que acabou se tornando um padrão para o bebê. As pessoas descrevem essa atitude como "trocar a noite pelo dia". Não sei se esse fenômeno realmente existe, mas com certeza faz sentido para mim. Quando você está grávida, o bebê fica mais ativo na sua barriga à noite. Durante o dia, você mal o sente chutar, pois ele adormece devido à sua atividade. À noite, por outro lado, ele pode até acordá-la com os chutes na barriga.

Depois que o bebê nasce, por que a situação mudaria rapidamente para ele? É essa a hora em que ele fica acordado, quer você goste, quer não. Ficar sem dormir era para mim uma das coisas mais difíceis com que tinha de lidar. Estava tão ocupada durante o dia com meus outros filhos, cuidando do bebê e da casa, que geralmente ficava cansada por volta das dez da noite. Precisava mudar minha estratégia.

Prometo que é fácil!

Depois do parto, procure comer alimentos ricos em fibra. Isso pode facilitar sua experiência com o banheiro.

Depois da mamada das dez da noite, Ally parecia mais acordada do que em qualquer momento do dia, e é claro, agitada. Tentei fazê-la dormir em várias posições diferentes para acalmá-la. Apesar de ter acabado de mamar, ela parecia desconfortável. Tinha acabado de dar a mamadeira, então hesitava em repetir a operação. Certifiquei-me de que ela estava bem enrolada – conforme o famoso método de "enrolar o bebê" com a coberta que havia aprendido com as enfermeiras. Segurei-a com a barriga contra a minha e a ninei gentilmente. Sentei-me na cadeira de balanço com ela de barriga para baixo em meu peito e a ninei. Também tentei me deitar no sofá com ela em cima de mim enquanto a balançava gentilmente. Todos esses métodos funcionavam por um tempo, mas ela logo começava a chorar novamente. Parecia que ela gostava de ficar enrolada, mas até isso não funcionava por muito tempo.

Depois de uma hora tentando várias posições, tentei dar a mamadeira novamente, devia ser por volta de 23h30. Isso, obviamente, quebrou a minha regra cardinal (de alimentar a cada três, quatro horas), mas para recém-nascidos (e Ally tinha apenas três quilos e meio) creio que não há problema em tentar a mamadeira quando todo o resto parece não dar certo. Nesse caso, ela parecia mesmo estar com fome e mamou quase 30 ml. Tentei colocá-la no berço acordada durante essas duas horas para ver se ela conseguia dormir sozinha.

Prometo que é fácil!

Use o diário para anotar os presentes que as pessoas dão a você e ao bebê. Pode ser que algum dia você encontre tempo para escrever cartões de agradecimento.

Segundo dia

Por volta de uma da manhã, Ally voltou a dormir. Ela acordou novamente às 3h30, não era o ideal, mas tudo bem. Eu troquei sua fralda e dei mamadeira novamente. Ela dormiu enquanto mamava e só acordou às 6h30. Eu a troquei, dei mamadeira e ela novamente dormiu mamando. Coloquei-a no berço mais uma vez e ela dormiu até às 9 horas. Eu me sentia bem, porém cansada. Cada vez que colocava Ally para dormir, usava minha bisnaga e trocava o absorvente usando todos os cremes e bolsas de gelo que pudessem caber dentro do meu superabsorvente – que coisa bonita de ser ver! Chegou uma hora em que comecei a colocar os absorventes na geladeira. Era uma ótima sensação – boa e refrescante!

Nesse dia, um domingo, minhas cunhadas vieram nos visitar, com uma refeição completa nas mãos. Elas arrumaram tudo e limparam tudo depois. Trouxeram presentes para o bebê e para mim. É sempre legal dar alguma coisa especial também à mamãe que acabou de ter nenê. Esse é o tipo de visita adequada!

Conforme a noite foi se aproximando, montei novamente meu trocador improvisado na mesa da cozinha. Continuei a cuidar do cordão umbilical da Ally com álcool e cotonete. Não tenha medo de limpar a área interna com o cotonete, isso me leva a outro *flashback*. Quando Joseph era bebê, eu limpava o cordão só na parte solta. Quando fui à consulta de um mês e meio, o médico me perguntou como eu estava limpando o cordão. Nunca é um bom sinal quando um profissional da saúde pede a você que demonstre algo para ele.

Então ele pegou o cotonete, levantou a parte solta e limpou ao redor da base do cordão, onde estava vermelho e ferido. Depois de mudar meu procedimento e perceber que Joseph não fazia caretas extras por causa disso, repeti a operação e o cordão caiu 24 horas mais tarde.

Prometo que é fácil!

Limpe a base do cordão umbilical com álcool diariamente. Não seja conservadora. Você quer que ele seque e caia.

No segundo dia, Ally repetiu o que havia feito na noite anterior, ficando agitada após a mamada das dez da noite. Tentamos as mesmas posições e trocas de posições da noite anterior. Quando isso não estava mais ajudando, eu caminhei com ela pela casa, enquanto a balançava. Ela dormiu de vez por volta da meia-noite. Dei-lhe uma mamadeira às 22 horas e outra à meia-noite. Em cada uma dessas mamadas, ela só mamou 30 ml. Costumava pensar que sua agitação era o que realmente a deixava com fome. Milagrosamente, quando ela acordou às 3 horas, dormiu bem no meio da mamada.

Terceiro dia

Nesse dia, uma segunda-feira, minha enfermeira nos fez uma visita. Ela examinou e pesou Ally por volta das 10 horas. Expliquei-lhe quanto Ally estava mamando. A enfermeira disse que Ally ainda estava levemente ictérica e por isso era melhor dar a mamadeira a cada duas horas. Minha rotina já era! Perguntei se deveria me preocupar com a icterícia e ela me disse que não, contudo quanto mais ela mamasse, mais rápido sairia do estado ictérico.

Adaptei minha rotina para acordá-la a cada três horas durante o dia. Sim, sei que isso significa que não dei ouvidos à enfermeira. Durante o dia, ela ainda queria dormir logo após a mamada, mas eu a acordava. Sei que pode parecer loucura acordar um bebê, pois "nunca se deve acordar um bebê", mas era o que eu fazia. Eu queria ter certeza de que ela tinha leite suficiente em seu corpo durante o dia, em intervalos regulares. Acreditava que esse processo iria ajudá-la a dormir mais durante a noite.

> **Prometo que é fácil!**
>
> **Dê banho de gato no bebê até o cordão cair e a circuncisão cicatrizar. Quando passar a dar banho de banheira, verifique a temperatura da água com a parte interna do seu pulso.**

Minha mãe veio me ajudar nesse dia, uma segunda-feira. Alguém tinha de levar meu filho à escola e uma amiga compassiva, que trabalhava na escola, ofereceu-se para levá-lo e trazê-lo para casa durante a primeira semana. Eu nem precisei pedir. Era o primeiro dia de Casey na educação infantil (Ótimo momento, não?) e minha mãe levou a mim, Casey e Ally de carro até a escola para que testemunhássemos seu primeiro dia. Eu já começava a sentir a pressão de ter três filhos e isso me fez perceber ainda mais que dar atenção aos três seria desafiador.

Casey também queria que eu fizesse tudo por ela. Quando ela tinha de tomar banho, dizia: – Quero que a mamãe me dê banho. Minha mãe explicava à Casey que era ela quem lhe daria banho. Disse também à Casey que eu era o bebê *dela* e que, para cuidar de mim, tinha de dar banho nela e fazer muitas outras coisas para facilitar a minha vida. Eu sempre me lembro daquele momento, pois realmente precisava que alguém cuidasse de mim e é tão frequente ver avós que ficam do lado dos netos e se oferecem para cuidar do bebê. Eu queria o bebê! Também queria que meus filhos entendessem que eu precisava de ajuda. Eles não eram os únicos com necessidades!

Depois do banho, minha mãe ficou com Casey no outro quarto para que Ally pudesse dormir. Minha mãe havia trazido o jantar e nos deixou a tempo de nos ver jantando em família. Ela retornou no dia seguinte pronta para fazer qualquer coisa que eu precisasse. Ela estava à minha disposição. Ela também voltou no outro dia. É esse o tipo de ajuda de que você precisa. *Não* é ajuda se sua acompanhante esperar que você a entretenha como um palhaço de circo.

> **Prometo que é fácil!**
>
> **Peça ajuda! Todas as mães de primeira viagem precisam de ajuda. Se uma amiga se oferecer para fazer uma das refeições ou cuidar de seus filhos enquanto você descansa, nem pense em recusar a oferta.**

Um pouco de sono a mais

Faça tudo o que puder para conseguir dormir. Eu comecei a usar pequenos truques para conseguir dormir um pouco a mais quando podia. Começava a me aprontar para dormir às 19h30 (nessa hora, Ally estava geralmente tirando uma soneca). Colocava o pijama, escovava os dentes e lavava o rosto. Também colocava pijamas em Joseph e Casey e os aprontava para dormir. Às 20 horas, colocava Joseph e Casey para dormir. Então, pegava um cobertor e um travesseiro e cochilava no sofá até o bebê acordar, geralmente por volta das 21 ou 22 horas. Era difícil me se acostumar com isso já que normalmente eu costumava dormir lá pelas 22 ou 23 horas, mas uma ou duas horas a mais de sono realmente ajudavam.

Durante a noite, meu marido e eu costumávamos diminuir as luzes e as vozes. Algumas pessoas sugerem que se desligue a TV durante a mamada para que o bebê perceba a diferença entre o dia e a noite. Tentei fazer isso com o meu primeiro filho, mas percebi que estava punindo a mim mesma em vez de ensinar ao bebê que era noite. A televisão havia se tornado minha mais nova melhor amiga. Começava a olhar o guia da TV da semana para ver o que passaria às duas da manhã. "Ah, vai passar *O poderoso chefão* hoje à noite!", exclamava. Desde então, os filmes tornaram-se meus maiores companheiros durante esses momentos com o bebê em que todos os meus vizinhos e o restante da família estavam dormindo. O truque é não se envolver tanto com o filme a ponto de querer assistir ao resto depois que o bebê dormiu. Caí nessa armadilha uma noite em que o famoso *Pontes de Madison* estava passando. Fiquei acordada por muito tempo depois que Casey dormiu porque queria descobrir se Francesca ia decidir ficar ou partir. Na época, lembro-me de querer que ela partisse. Vá embora, boba, enquanto pode.

Prometo que é fácil!

Pense duas vezes antes de levar o bebê para sua cama. Os bebês se acostumam com isso rapidamente e você pode criar um hábito que será difícil mudar depois que o bebê crescer mais.

Enquanto todos estão dormindo

A privação de sono é um abridor de olhos, sem intenção alguma de fazer trocadilhos! Você começa a pensar que é a única pessoa no mundo que não está dormindo. Lembro-me de olhar pela janela e amaldiçoar as janelas fechadas dos meus vizinhos, "Todo mundo está dormindo. Sortudos!". Não se preocupe, você também voltará a dormir.

Resumo

Espero que este capítulo lhe dê uma ideia do que esperar. Posso ter assustado você com tantas informações detalhadas, mas são todos os detalhes que podem impressioná-la durante os primeiros dias. Lembre-se de que cada experiência é diferente. A solução é ser flexível e não esperar que o bebê durma a noite toda logo de cara. Não fique surpresa se o bebê dormir o dia todo. Insista em cuidar de você. Exija o tempo que precisar para se recuperar e descanse, descanse, descanse.

Capítulo 6

Seu corpo – a forma atual é normal

Durante nove meses, uma mulher grávida vê seu corpo passar por uma transformação incrível. Há zilhões de livros sobre gravidez que descrevem com detalhes surpreendentes as mudanças físicas em seus seios e na sua barriga a cada mês da gravidez. Onde está o livro que mostra as mudanças em seu corpo *depois* do parto? Depois que o pacotinho sai de dentro de você, ninguém parece querer ilustrar a Dona Redonda voltando à forma – desculpe-me a brincadeira.

Uma ilustração é clara, contudo: a de que se espera que a mãe volte a sua forma de antes da gravidez rapidamente. Não sei de onde surgiu essa regra (tenho certeza de que o cara que inventou o sutiã e o salto alto tem a ver com isso), mas acho que você concordará que voltar à forma depois do nascimento do bebê é tão importante para a mãe quanto amamentar é para o bebê.

Como sempre, o que a sociedade deseja que façamos e o que realmente fazemos são duas coisas bem diferentes. Talvez, nesse caso, deveriam mesmo ser diferentes. O corpo de uma mulher depois do parto afeta muitos outros aspectos da vida dela – confiança, relacionamentos, sensações sobre o que é normal ou não, e, num nível prático, o guarda-roupa. Além de lidar com seu próprio corpo e o que agora é possível e/ou normal, a mulher também tem de lidar com a pressão de perder peso.

De onde vem essa pressão para perder peso depois do parto? É possível voltar à forma de antes da gravidez ou isso é uma lenda urbana? Quais são as maneiras de maior sucesso para que a mãe que acabou de ter nenê possa recuperar sua forma? Algumas possíveis respostas seriam:

Aquelas malditas celebridades conseguem, por que eu não?

Por alguma razão, esperamos que nossos corpos retornem exatamente à mesma forma de antes da gravidez. Por que temos essa expectativa? Ah, sei lá. Será que é porque somos bombardeadas com uma imagem atrás da outra de mães famosas que voltam à forma de antes da gravidez em questão de horas para sua caminhada pelo tapete vermelho durante a premiação do Oscar? Será que não é a pletora de livros e artigos de revistas que gritam conosco cada vez que entramos no supermercado, com suas capas que insistem para que façamos exercícios, fiquemos em forma e sejamos "mamães sexies?". Por exemplo, você viu Angelina (Jolie) grávida? Ela não tinha um sinal sequer de inchaço no rosto ou uma camada extra de inchaço em seus tornozelos? Qual é? Angelina é a representação do que a mãe comum deveria ser após o parto? Acho que não. Como a mãe comum pode competir?

Creio que devemos deixar as celebridades para lá. Cancelar as assinaturas de revista, parar de assistir ao Oscar e, principalmente, desligar o canal E!* Torturar-se ao ver as imagens pós-parto de Jen Garner, Nicole Richie, Gwen Stefani, J. Lo, Katie Holmes e Christina

* Canal da TV paga que mostra a vida das celebridades o tempo todo. (N. da T.)

Aguilera não ajuda absolutamente em nada para que seu corpo seja colocado em perspectiva. Quem sabe o que essas celebridades fazem para perder peso tão rápido e quem se importa? O fato é que perder peso é prioridade para as celebridades por causa da profissão delas. Imagine a pressão que elas devem sentir e o que estão dispostas a fazer para parecerem magras depois de terem de fato engravidado. Fico muito chateada com o fato de a mídia querer recompensar o sucesso e castigar as pobres almas que não têm a mesma sorte. É triste ver essas mulheres examinadas e segregadas em um dos momentos mais vulneráveis de suas vidas.

A questão aqui não é o que as celebridades estão fazendo para perder peso, mas sim o que o novo padrão de suas imagens esbeltas criou para o resto de nós. Particularmente, a sociedade e talvez (respire!) nossos maridos podem pensar e até dizer (respire novamente!): – Se a Angelina consegue perder peso tão rápido, por que você não consegue? Depois de tirar seu punho do estômago do seu marido após ele fazer tal comentário, sua resposta pode ser a seguinte: – Quando você for parecido com o Brad Pitt, pode esperar que eu me pareça com a Angelina – mas isso é divagação. Toda essa baboseira de celebridade auxilia demais na pressão que as mulheres sentem para perder o "peso causado pelo bebê".

A pressão para perder peso é verdadeira

Creio que a pressão para perder peso começa, ironicamente, durante a gravidez. Ganhei 25 quilos na minha primeira gravidez. É óbvio que levei nove meses para chegar até lá. Não invento desculpas para esse ganho de peso. Nunca tive tanta fome em toda minha vida. Era um tipo de fome voraz que vinha seguida de dor. Tinha de comer e era isso o que eu fazia. Não me importava com o ganho de peso, pois, caramba, eu estava grávida!

Na minha sexta consulta ao obstetra, comecei a sentir a "pressão do peso" pela primeira vez. Meu marido foi comigo a essa consulta. Nem me preocupei pelo fato de o meu marido estar junto na "pesagem".

Tinha ganhado três quilos e meio em um mês! Uau! A enfermeira ergueu a sobrancelha e disse: – Esse mês foi bem grande! – comecei a sentir o suor escorrendo pelo meu rosto. Fiquei calma, entretanto, e abri um enorme sorriso ao meu marido, não deixando que ele percebesse o medo que estava percorrendo a minha espinha ao imaginar meu médico percebendo o ganho de peso na minha ficha e comentando sobre isso. É como quando você está se confessando com um padre e solta um pecado cabeludo no meio de dois pecados inofensivos. Esperava que meu médico não percebesse o aumento de peso.

Assim que entramos nos consultório e sentei-me durante aquele momento comum de constrangimento (em que o médico não entra no consultório logo de cara e deixa você lá com o roupão de papel enquanto olha os arquivos do outro lado da porta, fazendo com que você *pense* que ele já vai entrar, mas não entra), o médico bateu à porta e entrou. Ele disse "oi" para o meu marido e para mim e fez o exame de rotina na minha barriga, no batimento cardíaco do bebê e nos meus pés. *Por favor, não fale do meu peso. Por favor, não fale do meu peso. Por favor, não fale do meu peso*, dizia a mim mesma mentalmente, desejando que a minha consulta chegasse ao fim. Bem, quando eu estava pensando que ia me livrar, o médico disse: – Ah, percebi que você teve um grande ganho de peso este mês – meu coração parecia que ia sair pela boca. *Por favor, pare por aí. Por favor, pare por aí. Por favor, pare por aí.* O médico continuou: – Você precisa começar a observar o que come. Se começar a ganhar muito peso agora, vai ser mais difícil perder depois – quando foi que perder peso *depois* tinha se tornado preocupação do Dr. Prepotente?

Como se eu já não estivesse aterrorizada o suficiente, meu adorável marido desafiou o doutor em meu nome e disse: – Doutor, ela só tem comido coisas boas – (tenha em mente que a boca doce do meu marido pode ter pensado em bolo e sorvete). Friamente, o médico, que tinha fechado a sua maletinha do inferno, respondeu: – Então ela está comendo coisas boas demais – e saiu da sala.

Sabe aquele sonho em que você está nua e não sabe e tudo parece bem até você perceber que está nua e começar a olhar para as coisas de uma forma completamente diferente? Foi assim que me senti quando o médico fez aquele comentário insensível. Senti-me completamente nua e estava consciente disso. Estava toda feliz com minha gravidez, sem me preocupar com o peso e esse médico idiota puxou o meu tapete.

A "pressão em relação ao peso" é real. Cada uma à sua maneira, a mulher grávida sente a pressão para observar o ganho de peso em algum momento da gravidez. Um olhar de canto de olho com um comentário: – Você ainda tem mais quatro meses? Parece que vai nascer amanhã – ou então: – Você *não* precisa comer por dois, sabia? – e depois do nascimento, quando você começa a não se sentir mais grávida, ouve comentários pavorosos do tipo: – Para quando é? – o peso, não importa como você vai perdê-lo, é um assunto de todas as grávidas e mães recentes ao redor do mundo, e a menos que haja uma enorme rebelião contra a indústria das revistas, da televisão, dos filmes e do entretenimento para que se substituam as pessoas bonitas pelas comuns, a pressão em relação ao peso veio para ficar.

A verdade por detrás da expectativa

A verdade é que toda mulher gostaria de voltar ao peso de antes da gravidez o mais rápido possível. Quem não quer parecer bem, sentir-se magra e estar em perfeita forma?

A verdade é: *é* possível voltar à forma de antes da gravidez, portanto não permita que ninguém lhe diga o contrário. Como diz Stephanie Wilder-Taylor em seu livro *Sippy cups are not for Chardonnay*: "Você não precisa de um livro para perder o peso da gravidez... perder peso depois do parto é exatamente como perder peso em outros momentos".[1]

A melhor maneira de perder peso é indo devagar. Em pesquisa pessoal com mães, quase 100% delas disseram que perder peso *não* era a prioridade. Estavam ocupadas com outras coisas como *aprender a ser mãe*. Segundo essas mães, perder peso estava, entretanto, "em suas mentes". Quando estiver pronta, você vai conseguir perder peso. O truque é parar um minutinho – quando tiver um minutinho – para avaliar o que *você* quer. Eu precisava chegar a esse ponto. Algumas semanas depois do parto, comecei a ficar muito impaciente por movimento, então me afastei do chocolate, fechando a embalagem com fita adesiva. Comecei a me mexer. Era bom movimentar-me. Não parava de me mexer. Logo, os quilos a mais foram desaparecendo.

> Prometo que é fácil!
>
> **O truque principal para perder peso é parar de comer, e é por isso que ainda estou tentando.**

Se perder peso é importante para você, estabeleça alguns objetivos para chegar lá. Tenha em mente a recomendação da Academia Americana de Obstetrícia e Ginecologia de nem pensar em dieta nas seis primeiras semanas, especialmente se estiver amamentando. Nesse momento seus pensamentos devem se voltar para um bom suprimento de leite. Contudo, a Academia afrouxou algumas de suas orientações para o período em que a mãe começa a se exercitar. Com a permissão do médico, a Academia diz que exercícios leves são bons, contanto que você se sinta bem.[2]

Reserve um tempo para pensar no que você gostaria de fazer e como. Você precisa de um tempo para caminhar? Programe algumas caminhadas durante a semana. Deixe o bebê com seu marido ou com uma amiga ou familiar e não desista. Você prefere se exercitar na academia? Algumas academias podem ter serviço de babás para cuidar de bebês maiores que um mês e meio, em geral. Aproveite a ACM* do seu bairro e utilize seus serviços. Você quer estar com seu bebê enquanto se exercita? Invista em um carrinho de passeio (você até pode comprá-los de segunda mão) e caminhe com seu bebezinho sempre

* Associação Cristã de Moços, em inglês, YMCA. (N. da T.)

que puder. Você prefere ficar em casa? Deixe a louça pra lá e coloque um DVD para tocar. Só o fato de se movimentar um pouco vai fazer com que você se sinta bem. Fazer algo para você mesma faz com que se sinta bem. Estudos mostram que o exercício pós-parto pode aumentar a energia e reduzir a depressão, assim como em qualquer outra época da sua vida.[3] A questão aqui é lembrar-se de que perder peso é prioridade e que você precisa fazer acontecer.

Prometo que é fácil!

Perder peso não é tão prioritário quanto estabelecer uma rotina.

E se eu não quiser fazer exercícios?

É possível que você não se sinta pronta para se exercitar, sabendo o que precisa fazer (por exemplo, dieta e exercício) e sabendo que isso pode ser bem desafiador. Não sei quanto a vocês, mas no segundo em que via um pequenino acordando de uma soneca, meu braço alcançava o pacote de chocolate que estava por perto e eu comia os chocolates como se fossem pipoca. Logo depois que comecei a comer chocolate, li que isso não só aumentava o peso como também a depressão pós-parto. Opa! Estou no momento mais vulnerável da minha vida. Estou deprimida. Estou gorda. Estou dolorida. Estou cansada. E agora tenho de desistir do chocolate também? Ainda não estava pronta para isso, então não desisti. A única coisa que queria que me dissessem depois do nascimento do meu filho era para não me preocupar, o peso voltaria ao normal sozinho. Para muitas mulheres, o peso *realmente* começa a cair sozinho. Um dos motivos é que você não tem mais tanta fome, pois não há um bebê na sua barriga. O alívio de não se ter um apetite insaciável pode fazer maravilhas ao seu corpo. Da mesma forma, é um fato bem conhecido que amamentar auxilia na perda de peso. Em minha pesquisa, 85% das mulheres admitiram que amamentar era a maneira principal de fazê-las perder peso. Então, se exercitar-se não estiver nos seus planos imediatos, dou-lhe a permissão de deixar isso em banho-maria por enquanto. Você lidará com isso a seu próprio tempo.

Prometo que é fácil!

O truque principal para perder peso é parar de comer, e é por isso que ainda estou tentando.

Resumo

A pressão, tanto interna quanto externa, para que mãe que acabou de dar à luz "perca o peso causado pelo bebê" é predominante e real, e, para muitas mães, é preocupante. As mães precisam lidar com as questões na hora certa e parar de ficar se comparando às celebridades. Reservar um tempo para refletir sobre a forma física que realmente importa e qual estratégia funcionará para si é um passo importante. Para algumas mulheres, o importante é tirar o foco da perda de peso, deixando-a em segundo plano por um tempo. Tudo bem. Para algumas mães, voltar à forma o mais rápido possível é a prioridade. Tudo bem também. O peso ganho com a gravidez pode ser perdido. Felizmente, só o fato de amamentar auxilia no processo de perda de peso, juntamente com o fato de que a fome sentida durante a gravidez diminui após o parto. Parar um pouco para refletir sobre a grandeza da maternidade e ser paciente também ajudam no processo. O segredo está em definir um "novo padrão de normalidade" para você e seguir os passos necessários para chegar lá.

Capítulo 7

Os mandamentos do bebê

Não há nada como um recém-nascido para levantar questionamentos e comentários da plateia. Todo mundo tem algo a dizer ou a perguntar. Vejam algumas das perguntas mais comuns que amigos, familiares e pessoas totalmente desconhecidas podem fazer:

* **O bebê é bonzinho?** Como se o bebê já tivesse tido a oportunidade de ser mau.

* **Você está conseguindo dormir?** Claro, essas bolsas debaixo dos meus olhos foram inseridas profissionalmente!

* **O bebê já distingue a noite do dia?** Absolutamente, ele nem se importa com isso!

* **Seu marido está ajudando?** Bem, ele ainda não fugiu, isso conta?

Essas perguntas são todas relevantes, mas a mais frequente é a seguinte: Na sua opinião, como está o sono do bebê?

Depois do meu primeiro filho, entendi por que essa pergunta é tão comum. Sono – ou, mais precisamente, a falta dele – torna-se o centro do seu universo. As perguntas importantes são as que você faz a si mesma em momentos de silencioso desespero. Quando o bebê vai dormir a noite toda? O que posso fazer para que o bebê durma a noite toda? Quantas horas eu dormi na noite passada? Parece que depois de duas semanas alimentando o bebê a cada duas horas, a mãe chega ao seu limite, e com razão. Quem pode discernir acordando a cada duas horas? O sono torna-se a obsessão dos pais de primeira viagem, e quando você passa por uma situação extrema de privação de sono, você nunca mais se esquece. É por isso que até mesmo desconhecidos em supermercados perguntam se o bebê está dormindo. Assim, quando a centésima pessoa perguntar se seu bebê está dormindo a noite toda, lembre-se de que ela passou por isso e você também vai passar.

Como "fazer" o bebê dormir a noite toda é a informação mais

Prometo que é fácil!

Uma observação importante sobre os maridos: os homens que aparecem nos programas sobre bebês na televisão não existem. Você sabe do que eu estou falando. Eles orientam suas esposas durante o trabalho de parto e dizem a elas como são fantásticas e heroicas. Semanas depois do parto, eles continuam calmos, tranquilos, controlados e carinhosos com suas esposas e com o bebê. Se o cara que voltou do hospital com você se comportar como um animal engaiolado cada vez que seu bebê chorar, não entre em pânico. Isso é normal. O método Lamaze é um curso obrigatório, mas o "curso básico para entender o choro do bebê" não é. Se a choradeira é um choque para você, imagine como o seu marido se sente.

importante para quem acaba de se tornar mãe ou pai. Se essa informação fosse vendida com garantia, você daria um presente ao inventor. A verdade é que não há resposta para essa invenção. Na minha opinião, há muitas coisas que você pode fazer como mãe ou pai para ajudar seu bebê a dormir a noite toda, bem como a desenvolver outros bons hábitos.

Dormir e comer são duas das funções essenciais que o bebê irá realizar por um tempo. São também as duas *únicas* funções que o bebê realizará por um tempo (a menos que você conte fazer xixi e cocô). O que a maioria dos livros, amigos e médicos deixa de mencionar, contudo, é que essas importantes funções – como o bebê dorme e se alimenta no início – podem afetar sua habilidade de dormir durante a noite e de desenvolver bons padrões de soneca e alimentação por toda a infância. Entender a relação entre os padrões de sono e alimentação é a solução para sobreviver ao seu recém-nascido.

Para ajudar o bebê a desenvolver bons hábitos de sono e alimentação, descobri algumas regras fundamentais. Chamo essas regras básicas de Seis Mandamentos do Bebê, pois precisam ser seguidos de forma regular desde o momento que o bebê chega em casa. Siga esses mandamentos para criar uma feliz coexistência com o recém-nascido, a qual irá perseverar por toda a infância.

Agora, respire fundo, expire e prepare-se para aceitar estes mandamentos do fundo da sua alma.

* Deverá colocar o bebê sonolento (mas acordado) na cama para dormir a noite e tirar sonecas durante o dia.
* Deverá fazer o bebê tirar sonecas durante o dia.
* Deverá segurar o bebê no colo o quanto quiser durante o dia.
* Deverá acordar o bebê para "comer" durante o dia.
* Deverá fazer o bebê arrotar.
* Não deverá levar o bebê para dormir na sua cama.

I Mandamento

Este é o primeiro mandamento: Deverá colocar o bebê sonolento (mas acordado) na cama para dormir a noite e tirar sonecas durante o dia. É um mandamento difícil, especialmente para pais de primeira viagem. É uma grande tentação esperar até que o bebê adormeça em seus braços antes de colocá-lo para dormir ou para tirar uma soneca. Quem não se familiariza com a imagem de um bebê perfeitamente tranquilo dormindo sobre os ombros de um de seus pais? Entretanto, você deve se lembrar: os bebês vão aprender o que você ensinar a eles. Se você ensinar um bebê que ele precisa ser ninado e segurado no colo, próximo ao seu corpo quente para dormir, é isso que ele vai aprender para adormecer. Você vai criar um padrão de comportamento que irá escravizá-la por um ano inteiro, talvez até dois. Assustada? É bom mesmo que fique!

Eu caí de cabeça nesse erro do "primeiro filho" com meu garoto. Quando bebê, era preciso toda uma sequência de eventos para fazê-lo dormir. Primeiro, dávamos um banho nele, depois o ninávamos, depois eu ficava acariciando o bebê no berço, aí tirava-o do berço e continuava acariciando-o, depois eu me deitava na minha cama com ele em cima de mim e acariciava suas costas. Assim que ele dormia, silenciosamente colocava-o de volta no berço onde ele instantaneamente acordava chorando só de sentir os lençóis gelados em suas bochechas. Que tipo de pais éramos para permitir que nosso doce e belo anjinho colocasse suas bochechas quentes em algo tão frio? Nós o pegávamos imediatamente e começávamos todo o processo novamente. Começamos a tentar descobrir formas de aquecer os lençóis para que a temperatura não estivesse tão diferente e assustadora. Imagine dois contadores habilitados pensando nessas estratégias! Chegou um momento em que todos esses passos começaram a funcionar, e estávamos levando 45 minutos para fazer o bebê dormir. Mas depois parou de funcionar.

Lição aprendida! Quando nossa filha, o segundo bebê, veio para casa, apresentei-a ao berço ("Casey, berço, berço, Casey") quando ela tinha duas semanas. Mas desde o primeiro dia eu já a colocava para dormir e tirar sonecas quando ela entrava num *estado de sonolência*. Ela não só dormia a noite toda com oito semanas, como nunca quis dormir na nossa cama. Ela só dormia no berço. Seguimos a mesma regra com o terceiro filho, e o bebê reagiu da mesma forma que o segundo. É claro que haverá momentos em que o bebê dormirá em seus braços durante a mamada. Isso é natural, especialmente com recém-nascidos. Contudo, quando a oportunidade se apresenta e a criança está sonolenta, não espere para colocá-la no berço até que durma.

Prometo que é fácil!

Não há problema em deixar o recém-nascido dormir em seu próprio quarto. Bebês têm uma ótima maneira de mostrar a você o que precisam – berrando e chorando. Isso não vai passar despercebido, não importa o quanto você esteja cansada.

Quando o bebê acordar durante a noite para mamar, é provável que você troque a fralda para depois dar de mamar. É provável também que o bebê durma no meio da mamada e até faça cocô. Você troca o bebê correndo o risco de acordá-lo? Ou deixa o bebê dormir e se arrisca? É um risco. Se você deixar o bebê sem trocar, pode ser que ele acorde antes do tempo normal devido ao desconforto. *Não* é isso que acontece. Como diz o Dr. Spock, "Poucos bebês sentem-se desconfortáveis quando estão com a fralda suja de xixi ou cocô. A maioria nem liga".[1]

Juntamente com o hábito de colocar o bebê sonolento no berço, há alguns minimandamentos adicionais. Depois da primeira mamada do dia (aquela das 5 ou 6 da manhã), coloque o bebê no berço novamente! Conheci várias mães que ficavam acordadas com o bebê depois da mamada das 5 da manhã. Achavam que o bebê estava num momento de "despertar" e devia estar entediado por dormir tantas horas durante a noite. Uma mãe que conheci achava que o bebê devia se cansar de ficar no mesmo berço e precisava de uma mudança no cenário, pois acreditava que ela própria se sentiria assim. "Não, não, não!", digo eu. Não podemos comparar o que sentimos com o que os bebês sentem.

Prometo que é fácil!

Por que as mulheres não falam abertamente sobre como realmente se sentem diante da maternidade? Porque não querem que os outros pensem que não são boas mães.

Recém-nascidos precisam dormir muito. Depois da mamada da manhã, coloque o bebê de volta na cama. Achava que um bom horário para se acordar eram às 7 da manhã, então, se o bebê acordasse às 6h30, eu dava a mamadeira e o colocava para dormir até às 7. É claro que isso nem sempre funcionava, e havia dias em que ficávamos sofrendo na sala, assistindo Barney às 6 da manhã. Eu no sofá e o bebê na cadeirinha de balanço. Contudo, chegou um momento em que o bebê foi entrando na rotina e não acordava antes da gente.

Outro minimandamento adicional é: "Não pule da cama na primeira vez que ouvir o bebê se mexer no berço". A lição mais importante que você pode ensinar ao seu bebê é como fazer com que ele volte a dormir sozinho. Eu defendo a regra de "nada de monitoramento". Acredite em mim quando digo que você não terá nenhum problema para ouvir o bebê quando ele precisar de você. Deus dá ao bebê seu próprio monitoramento – que é chamado de choramingo.

II Mandamento

O segundo mandamento é: Deverá fazer o bebê tirar sonecas durante o dia. Não se iluda achando que, se o bebê ficar acordado durante o dia, ele vai dormir melhor à noite. Parece lógico, mas simplesmente *não é verdade!* Bebês que descansam bem, dormem bem durante a noite. Bebês dormem muito no começo porque *precisam*. Em média, o recém-nascido dorme 22 horas por dia. Por que eles precisam dormir tanto? É durante o sono que os bebês crescem.

A tabela que segue contém informações sobre a relação entre a idade do bebê e o número de sonecas diárias necessárias.

Necessidade de soneca por idade

Idade	Número de sonecas	Duração da soneca
4 meses	3	4-6 horas
6 meses	2	3-4 horas
9 meses	2	2 ½ -4 horas
12 meses	1-2	2-3 horas
2 anos	1	1-2 horas
3 anos	1	1-1 ½ hora

As sonecas serão a sua tábua de salvação. São o único momento do dia que você terá para descansar, pagar as contas, limpar a casa, ou até mesmo tomar banho! Adote as sonecas, cumpra-as e insista nelas com o seu recém-nascido.

Ocasionalmente, você vai se deparar com uma mãe que dirá: – Não sei o que a acontece, mas o meu bebê não dorme durante o dia. Acho que ele não precisa dormir tanto. Bem, como diria a minha avó, "isso é besteira". Não seja um daqueles pais ou mães que não insistem nas sonecas! Para o seu próprio bem e do bebê, insista. Se você acha que tem *o* bebê que não tira sonecas e não precisa de uma, faça a si mesma as seguintes perguntas:

- O bebê dorme cedo demais quando anoitece?
- O bebê acorda muito cedo pela manhã?
- O bebê fica chatinho durante o dia?

Responda a essas perguntas e então venha falar comigo.

Um bebê cansado é um bebê agitado que acorda com qualquer ruído. Quando se trata de bebês, sono gera sono.

Se você colocar o bebê para tirar uma soneca, porém acordado, e ele acordar antes de uma boa soneca, dê uma olhada nele e deixe-o lá. Todas as crianças podem dormir bem durante uma soneca; cabe aos pais reforçarem essa habilidade.

Prometo que é fácil!

Seu bebê vai aprender o que você ensinar a ele. Ao ninar o bebê para dormir toda noite, ele estará aprendendo que precisa ser ninado para conseguir dormir!

III Mandamento

O terceiro mandamento é: Deverá segurar o bebê no colo o quanto quiser durante o dia. Li que bebês que ficam no colo durante o dia adquirem um senso real de segurança e são realmente capazes de dormir melhor à noite por causa disso. Cuidado com as pessoas do contra. Elas vão assustá-la com os medos em relação a mimar o seu recém-nascido. Tais medos são completamente infundados nos primeiros três meses.

Um estudo realizado em 1995, pela Universidade de Connecticut, observou mães e bebês de seis semanas até um ano de idade. Os pesquisadores descobriram que os bebês com mães mais receptivas eram mais comunicativos com um ano de idade.

Um estudo da Brown University, em Rhode Island, descobriu que quando as mães reagiam apropriadamente aos choros dos bebês no primeiro mês, aos dezoito meses eles apresentavam habilidades linguísticas e cognitivas mais desenvolvidas. Um estudo de 1995, em Manchester, Reino Unido, mostrou que uma resposta rápida ao choro levava a criança a chorar menos de forma significativa.[2]

Os especialistas parecem concordar: é impossível mimar um recém-nascido até certo ponto. Depois de oito semanas – mais ou menos o tempo que leva para o bebê se sentir mais confortável em seu corpinho – o choro parece mais uma natureza autoritária do que uma necessidade básica. No que se refere ao mimo, o Dr. Spock nos encoraja um pouco:

> *Mimar não é o mesmo que ser bom para o bebê de forma sensata, e não ocorre da noite para o dia. Mimar ocorre de forma gradual quando os pais têm medo demais de usar o bom senso ou quando querem ser escravos e encorajam esse comportamento. Não tenha medo de responder aos desejos do bebê contanto que você não seja escravizado por ele. Quando ele chorar nas primeiras semanas é porque está desconfortável por algum motivo ou outro – talvez seja fome ou indigestão, ou cansaço ou tensão.*[3]

Esses estudos mostram que não há problemas em confiar em seus instintos para amar e cuidar do seu bebê, curtindo-o e abraçando-o o quanto quiser. Então, siga o seu coração para segurar seu bebê no colo, só não desobedeça ao mandamento número um.

IV Mandamento

O quarto mandamento é: Deverá acordar o bebê para "comer" durante o dia. Descobri que a quantidade de alimento que o bebê ingere durante o dia afeta sua habilidade de dormir à noite. Dizem que o bebê precisa de tantos mililitros por quilo. Você vai querer que o bebê se alimente de acordo com intervalos regulares para que atinja a quantidade de alimento diária recomendada e possa dormir a noite toda. Para que isso aconteça, talvez você precise acordar o bebê nas primeiras semanas para alimentá-lo a cada três ou quatro horas. Faça isso! O velho ditado diz que nunca devemos acordar o bebê. Não acredito nisso, mas tenho uma nova sugestão para você: nunca acorde o bebê *durante a noite*. Acorde o bebê durante o dia para que ele se alimente a cada três, quatro horas.

V Mandamento

O quinto mandamento diz que: Deverá fazer o bebê arrotar. É isso mesmo. Faça o bebê arrotar – e frequentemente. Faça com que ele arrote durante as mamadas. Não deite o bebê enquanto ele não arrotar. Você poderá fazer isso colocando o bebê de barriga para baixo em seu colo, apoiando o pescoço dele e batendo gentilmente em suas costas. Isso também poderá ser feito segurando o bebê contra os seus ombros, batendo gentilmente nas costas dele. Às vezes, mude a posição do ombro para o colo para forçar o arroto. Com meu primeiro filho, não percebi quanto tempo levava para que o arroto saísse. Um pouco depois de mamar ele já começava a chorar por causa dos gases. Depois que eu percebi o que estava acontecendo, demorei-me mais para fazê-lo arrotar. Você também pode tentar fazê-lo arrotar no meio da mamada. Isso nem sempre funciona. Pode fazê-lo arrotar sempre que segurá-lo em seus braços. Percebi que isso se tornou um hábito e parte do tempo em que ficava com o bebê no colo. Sempre que o pegava, já estava batendo em suas costas.

VI Mandamento

O sexto mandamento é o seguinte: Não deverá levar o bebê para dormir na sua cama. Nunca, jamais, diante de circunstância alguma leve o bebê para a cama com você. Se você ensinar esse truque, ele jamais voltará à própria cama. Tenho amigas que compraram berços e camas e nem tiraram do plástico. Nunca foram usados! Se você começar com isso, pode dizer adeus à sua vida sexual. Lembre-se: você não está apenas preservando sua vida amorosa por motivos estritamente prazerosos; pode ser que você queira procriar novamente. Dessa vez, entretanto, enquanto seu anjinho estiver na sua cama, você estará no *closet* tentando fazer o anjinho número dois. Acredite em mim, falo por experiência própria.

Para mim não é fácil falar sobre isso, pois devo admitir que desobedeci a esse mandamento quando tive meu primeiro filho. Ele era tão fofinho. Parecia mais fácil dormir conosco do que ficar levantando toda hora para atender às necessidades dele. Acho que ele tinha problemas de apego àquela altura. De qualquer forma, ele veio para a nossa "cama familiar". Pareceu dar certo por um tempo, mas então meu marido e eu notamos os movimentos abruptos dele. Chegou uma hora em que meu marido teve de dormir com a cabeça no pé da cama (para proteger os "países baixos", senão seria chutado), e eu fiquei na posição fetal ao pé da cama. Meu filho precisava de muito espaço para se movimentar. Uma noite, a última noite de nosso alojamento conjunto, meu filho chutou meu rosto com tanta força que eu acabei com um olho roxo. Não deixe isso acontecer com você. Deixe os pequeninos no berço, seguros e protegidos.

Prometo que é fácil!

Para prevenir assaduras, troque frequentemente as fraldas do bebê. Se ele tiver assaduras, as pomadas podem ser úteis – assim como ficar um tempinho pelado. Deixar a área coberta pela fralda tomar um pouco de sol pode ajudar no processo de cicatrização.

Para todas as pessoas contrárias a isso, que são a favor da "cama familiar" e sua popularidade em outras culturas, costumo dizer: – Não vivemos em outra cultura.

Resumo

Um dos fatos mais interessantes relacionados ao crescimento do bebê é que os hábitos de sono e alimentação dele se relacionam. Em outras palavras, o quê e quando o bebê se alimenta estão relacionados a como e quando o bebê dorme. Os Mandamentos do Bebê levam esse fato em consideração.

I. Deverá colocar o bebê sonolento (mas acordado) na cama para dormir a noite e tirar sonecas durante o dia.

II. Deverá fazer o bebê tirar sonecas durante o dia.

III. Deverá segurar o bebê no colo o quanto quiser durante o dia.

IV. Deverá acordar o bebê para "comer" durante o dia.

V. Deverá fazer o bebê arrotar.

VI. Não deverá levar o bebê para dormir na sua cama.

Seguir cuidadosamente esses mandamentos é o primeiro passo para ajudar seu bebê a dormir a noite toda, desenvolvendo hábitos alimentares saudáveis. Esse é um método testado e que funciona verdadeiramente.

Capítulo 8

A rotina

A orientação de alimentar quando necessário é uma infâmia. É a única informação que muitos pediatras dão às mães quando saem da maternidade. Alimentar quando necessário parece bem simples – o bebê chora, o bebê mama. Para isso eu digo: – Baboseira!

Quando meu primeiro filho chegou em casa, ele parecia chorar o tempo todo. Não fazia ideia do que fazer com ele ou do porquê do choro dele. Imaginava que, se o alimentasse quando necessário, o problema estaria solucionado. Percebi que vivia colocando a mamadeira na boca dele, mas ele estava o tempo todo empurrando-a com a língua.

Quando olhava para ele, eu me perguntava por que meu filho estava tão agitado e não dormia tranquilamente. Por que meu filho chora o tempo todo e por que a mamadeira não resolve o problema? Por que é que eu fui ficar grávida? Será que eles aceitariam o bebê de volta no hospital se eu pedisse com educação?

Qual a diferença entre o dia e a noite? Parecia que tudo que eu fazia era alimentar o bebê 24 horas por dia. Ele não era nem um pouco parecido com os bebês das propagandas de produtos para bebês que via na TV.

Meu marido e eu beirávamos o desespero. Se alimentar quando necessário não estava funcionando, o que ia fazer para que ele parasse de chorar? Meu marido e eu concordávamos que o bebê não estava sofrendo de uma "daquelas doenças de choro contínuo", então telefonamos para o médico e ele sugeriu que trocássemos o leite – Talvez o ferro seja muito forte para o estômago dele – disse o médico. Fomos orientados a esperar 48 horas para mudar o leite. – Quarenta e oito horas! – exclamamos. – É uma vida inteira. Depois de 48 horas, nosso recém-nascido continuava colocando os pulmões para fora. – Mude o leite novamente – instruiu o pediatra. – Talvez o bebê não tolere lactose – será que ele estava de brincadeira? Tantos anos estudando medicina e tudo que ele conseguia me dizer era "Tente mudar o leite"?

Eu estava afundando cada vez mais rápido. Perguntava-me por que o hospital não nos dera um manual do bebê quando saímos. Era óbvio que precisávamos de um. Quando expressávamos nossa frustração, diziam-nos: – Os bebês são diferentes uns dos outros – e nós pensávamos: "Sério? Não me diga!". Sabíamos disso, mas imaginávamos que deveria haver algum tipo de orientação básica para seguirmos.

Depois de aguentarmos mais do que podíamos de choradeira, comecei a pensar que eu era a única a receber um diabinho no hospital e que todos os outros bebês eram perfeitos anjinhos.

Finalmente, conversei com a minha mãe e desabafei todas as minhas dúvidas. Ela tinha conversado há pouco tempo com uma amiga cuja filha havia passado pela mesma situação. Ela deu uma rotina para a minha mãe – a mesma que tinha feito com a sua própria filha. Era uma rotina para o bebê que o pediatra havia entregado a ela 35 anos atrás. Tinha dado certo com seus seis filhos e com os filhos da sua filha. Não dava para acreditar que na Era da Informação eu tive de voltar aos anos 1960 para encontrar minha salvação em algo datilografado numa velha máquina de escrever.

A rotina foi a ferramenta mais útil sobre criação de filhos que recebi. Tanto as mães que amamentam quanto as que dão mamadeira poderiam usá-la. Não exagero quando digo que ela salvou a minha vida.

Lá estava um plano que eu poderia seguir – um plano que todos os pediatras pareciam ter medo de distribuir por temerem ser presos pela polícia da lactação. O fato é que eu queria alguém que me dissesse o que fazer. As mulheres sem muita criatividade, como eu, realmente precisam de orientações rígidas para seguir. Regras, regulamentos – o que mais uma boa contadora norte-americana como eu poderia pedir? Minha resposta à rotina foi: – Aleluia! Chega de tentar adivinhar.

A rotina esboçava uma programação de alimentação para o bebê mês a mês. Para a mãe que dava mamadeira, ela identificava a quantidade de mililitros que o bebê devia ingerir. Para as mães que amamentam, especificava quanto tempo deveria amamentar. Identificava quanto tempo o bebê dormiria e quanto tempo o bebê ficaria acordado durante o dia, mês a mês. Sugeria a introdução de alimentos nos meses apropriados. Eu tinha atingido o nirvana.

Creio que a rotina é *a* razão pela qual meu filho e minhas duas filhas dormiam das 22 horas às 6 horas a partir de oito ou nove semanas de vida. Basicamente, a rotina diz para alimentar o recém-nascido de quatro em quatro horas, em horários específicos às 6 horas, às 10 horas, às 14 horas, às 18 horas, às 22 horas, às 2 horas. Minha teoria é que depois das primeiras oito semanas de vida o "relógio" do bebê começa a se ajustar à noite e ao dia. Assim que seus corpinhos se adaptam ao "relógio", eles entendem isso e passam a dormir a noite toda. Então, a questão é: eles estão alimentados o suficiente para se sentirem saciados a noite toda? Ao alimentá-los durante o dia em intervalos regulares, eles passam a ingerir a quantidade necessária de alimento a fim de que alcancem peso suficiente em oito, nove semanas (de cinco a seis quilos) e suas barriguinhas aguentam pular a mamada das 2 horas.

É verdade, mas a maioria dos médicos nunca explica isso para a gente. Aparentemente, preferem que o bebê acorde durante o primeiro ano de vida de acordo com a vontade dele. "Tudo o que o bebê precisar" é o que eles dizem. Para que colocar o bebê dentro de uma rotina quando é ele quem diz a você que está com fome?

> Prometo que é fácil!
>
> **Mães podem ser críticas umas com as outras. Se você aquece a mamadeira do seu bebê no micro-ondas, certifique-se de chacoalhá-la bastante; certifique-se ainda de não contar isso a ninguém!**

O problema é que os bebês choram por vários motivos diferentes e nem todos os seus choros são choros de fome. Chorar é a sua forma de se exercitar, de dizer a você que a fralda está suja, ou de simplesmente fazer alguma coisa. Como uma mãe de primeira viagem pode saber quando o choro do seu bebê significa fome? Às vezes o bebê vai chorar porque está desconfortável, cansado, molhado *e* faminto. Não dá para supor que o choro é de fome – especialmente se acontecer apenas uma hora após a mamada.

Eu supunha que todo choro significava fome e constantemente dava a mamadeira para o meu filho. Ele nunca mamava bem de uma vez só, portanto era bem provável que ele não estivesse recebendo alimento suficiente num período de 24 horas. Além disso, ele não dormia em intervalos regulares e ficava indisposto e tinha gases de tanta comida que eu o obrigava a ingerir.

Assim que comecei a usar a rotina como *guia* as coisas começaram a entrar nos eixos. Meu filho mamava bem a cada intervalo. Tentava fazer com que ele mamasse a cada quatro horas, mas se ele realmente parecesse estar com fome (e agora eu começava a saber distinguir a diferença do choro), eu dava a mamadeira de três em três horas. Colocava-o no berço em intervalos regulares e o acordava de quatro em quatro horas (no máximo) para alimentá-lo durante o dia. Às vezes, conseguia seguir a rotina ao pé da letra e às vezes não. Descobri que não havia problema algum nisso.

> Prometo que é fácil!
>
> **Lembre-se: sempre coloque o bebê acordado, porém sonolento, para as sonecas durante o dia e para dormir à noite.**

A rotina era um manual básico. Se o bebê acordar às 5 horas em vez de às 6 horas, alimente-o. Veja se você pode fazer com que ele mame às 9 horas em vez de às 8 horas para ficar mais próximo da marca das 10 horas. Continue alimentando-o dentro de um intervalo de três em três horas ou de quatro em quatro horas – o que quer que dê certo para você e seu bebê. Certifique-se de colocar o bebê para dormir quando ele estiver *sonolento* para que durma em intervalos regulares durante o dia e tome a última mamadeira por volta das 22 horas.

Dá um pouco de trabalho, mas os resultados são surpreendentes! Depois de aproximadamente oito ou nove semanas, seu bebê vai dormir, na maioria das vezes, toda noite na mesma hora, e mamar, na maioria das vezes, na mesma hora todos os dias. É claro que haverá variações, especialmente se o bebê ficar doente. Adapte-se a isso e use o bom senso para mantê-lo dentro da rotina.

As rotinas, como você já deve saber, têm sido bem censuradas nos últimos anos. É como se nenhum médico, nenhum especialista em lactação, e até mesmo nenhum escritor de livros bem-humorados sobre cuidados com os bebês ousasse defender uma rotina. Suspeito que isso ocorra por não ser politicamente correto dizer às pessoas o que fazer, especialmente no que se refere aos seus filhos. Talvez tenham medo de que, se fizermos todas as crianças cumprirem uma mesma rotina, usurparemos sua individualidade.

Depois de pesquisar sobre o assunto, descobri que a criação da rotina nos anos 1940 foi, na verdade, uma resposta a sérias infecções intestinais que afligiam dezenas de milhares de bebês por ano. Os médicos acreditavam que os bebês ficavam doentes por causa de uma combinação de leite contaminado com irregularidade nas mamadas, então sugeriram inserir os bebês numa rotina. A pasteurização do leite pôs fim às infecções. Contudo, os pais ficaram tão traumatizados diante da possibilidade de verem seus filhos doentes novamente que continuaram alimentando os filhos dentro de uma severa rotina. Tanto os pais quanto os bebês estavam arrasados. Como frequentemente acontece em assuntos desse tipo, a maré parece ter mudado completamente, distanciando-se da rotina. E assim nasceu a era que prega o amamentar ou dar mamadeira quando necessário.

Parte desse distanciamento é uma tentativa de colocar o controle da maternidade de volta ao lugar a que pertence – de médico para mãe. As rotinas foram evitadas para impedir que os médicos exercessem controle sobre uma área que não lhes pertencia.

A ironia é que a regra de alimentar quando necessário (que eu acreditava ser alimentar o bebê sempre que ele chorasse) surgiu, na verdade, de uma experiência realizada nos anos 1940 que provou que as rotinas de amamentação eram bastante naturais. No experimento, os médicos queriam ver que tipo de padrão de alimentação o bebê desenvolveria se fosse guiado por seus instintos. O que se descobriu é que um bebê, depois das primeiras duas semanas de vida, acaba desenvolvendo uma "rotina de alimentação" menos regular, porém sensata, mamando aproximadamente a cada três ou quatro horas.[1]

Mas por que os críticos têm tanto medo de rotina se mudam de opinião e insistem com os pais para que a criem na adolescência, a fim de que o jovem esteja em um ambiente seguro? Se a rotina é boa para o adolescente, então é boa para o bebê. Suponho que isso tenha a ver com manter o processo natural. Até mesmo outras mães compartilham desse conselho falho. "Aceite os primeiros meses de privação de sono como inevitáveis e dê ao bebê uma chance de encontrar seu ritmo natural".[2] Digo que a rotina de alimentação é a coisa mais natural do mundo. Tudo na natureza obedece a uma rotina. Ovulamos obedecendo a uma rotina, vivenciamos a gravidez obedecendo a uma rotina, e caramba, até mesmo o parto obedece a uma rotina.

> **Prometo que é fácil!**
>
> **Depois do nascimento de seu filho, é uma boa hora para você assistir a comédias. Enquanto seus hormônios estão enlouquecendo e você está se sentindo triste por "nenhuma razão", algumas risadas vão animá-la um pouco.**

Até mesmo o Dr. Spock fala sobre o "mal-entendido na relação entre a alimentação de acordo com a vontade do bebê e as rotinas". Ele explica: "O objetivo principal é capacitar os pais a cuidar de seu filho de uma forma que conservem sua força e seu espírito".[3] Conservar sua força e seu espírito? Gosto disso! Obrigada, Dr. Spock, por confirmar isso. Os pais não têm de descontar nos filhos todas as suas necessidades. As amigas da minha mãe poderiam ter dito a mesma coisa, mas ouvir isso do Dr. Spock dá a ideia de um peso maior! Dividi essa ideia com meu marido e levei-a bem a sério. A vida ficou bem mais fácil.

Uma outra boa razão para se criar uma rotina é que com ela você pode sair. Quanto mais rápido você seguir uma rotina sólida, mais fácil será para deixar que outras pessoas cuidem do seu bebê. Na verdade, será um prazer para elas, pois terão as instruções detalhadas sobre o que esperar. Isso será especialmente útil quando você tiver filhos mais velhos e *tiver* mesmo de deixar o bebê. Sei que a princípio você nem consegue imaginar sair de perto do bebê, então por que se preocupar com outra coisa tendo de seguir uma escala temporária, certo? Errado!

Mesmo que você não volte a trabalhar, você nunca sabe quando surgirá uma emergência ou um evento em que você não vai querer faltar. Pense nos seus prováveis cuidadores – os seus parentes. Se eles sabem que, com seis meses, seu bebê ainda não dorme a noite inteira, leva uma hora toda noite para niná-lo até dormir, mal dorme durante o dia e às vezes dorme com você e seu marido em sua cama, eles não vão ficar muito interessados em ajudar quando você precisar. Você verá seus parentes desaparecerem quando souberem que você precisa de uma babá por um período de tempo mais longo. Você não encontrará ninguém que esteja disposto a passar pelos sacrifícios aos quais você se dispõe para cuidar do seu bebê.

Tenha isso em mente antes de dispensar o uso de uma rotina para o bebê. Quanto mais rápido você seguir uma rotina sólida, mais fácil conseguirá que outras pessoas tomem conta do seu bebê. Seus familiares ficarão animados ao receber as instruções sobre o que esperar do seu filho, incluindo os horários de soneca e alimentação. Vão curtir tanto a primeira experiência que não vão fingir não estar em casa na próxima vez que você precisar de uma babá.

Sei que há muitas pessoas céticas por aí: – Os bebês são diferentes uns dos outros – é o que vão dizer – Como uma rotina pode dar certo para todos os bebês? – mas acredite em mim quando digo que a rotina dá certo para todas as crianças, não importa qual seja o seu temperamento, ou se mamam no peito ou na mamadeira. Tenho amigas que deram a mamadeira (como eu fiz) e amigas que amamentaram, e todas elas conseguiram seguir a rotina com sucesso. Uma das características mais comuns da rotina é que, ao usá-la, você elimina a necessidade da "choradeira" – uma solução para que seu bebê durma a noite toda, algo que muitos "especialistas" exigem quando o bebê atinge os seis meses de vida. Meus bebês nunca precisaram fazer "choradeira"; eles dormiam a noite toda nos primeiros meses e continuavam a seguir esse hábito por causa da rotina.

Alguns pais realmente levam a rotina a sério. Eles descobrem como ela funciona bem e, depois de testemunhar seu sucesso, afastam a si e a seus filhos de todas as atividades sociais e reuniões com amigos e familiares – de tudo e de todos que puderem interferir na *rotina*. Fiquei sabendo de pessoas que saíram de reuniões de família abruptamente, antes de o jantar ser servido, para que a pequena Laura fosse para a cama de acordo com a rotina. Outros saem da missa antes do final, ou abandonam carrinhos de supermercado cheios de mercadorias. Há até quem saia da fila antes de ver o Papai Noel para preservar a santidade da *rotina*.

Mesmo que você não seja tão rígida (e não precisa ser!), não se surpreenda se sua adesão à rotina incomodar algumas pessoas. Afinal de contas, você não é a primeira pessoa a ter um filho. Por que você tem de sair mais cedo? – É que a rotina – você vai protestar – a rotina exige respeito – sim, a rotina exige respeito, concordo. Contudo, a beleza da rotina é que, uma vez estabelecida, ela não sai do lugar, mesmo que tenha de variá-la de vez em quando. Não há problema se o bebê pular ou dormir um pouco menos durante uma de suas sonecas depois que o relógio interno dele entrar no ritmo (entre oito e nove semanas), pois ele vai continuar indo para a cama na mesma hora e vai dormir a noite toda. Você não vai destruir a rotina se ela já tiver sido estabelecida. Por favor, não ostracize sua família e amigos. Dá para viver e seguir a rotina também.

Resumo

Fazer meu filho seguir uma rotina foi a melhor coisa para nós dois. Ele ficou bem seguro mamando em intervalos regulares, as sonecas fizeram com que ele não ficasse chatinho quando acordado, e eu consegui minha vida de volta. Conseguia fazer as coisas por causa da rotina e realmente comecei a fazer mesmo. Não tive de passar várias noites, durante meses, decidindo dar mais uma mamadeira ou não para ele, pois, depois de nove semanas, ele não acordava mais para mamar à noite. A questão é que mamar, dormir, acordar e dormir a noite toda eram atividades relacionadas. Ninguém me disse isso. Eu não sabia nada no começo e isso me deixou em pânico. *Será que vai ser assim para sempre?*, perguntava-me. *Ele vai ficar acordado o tempo todo e eu vou ficar tentando adivinhar quais são as suas necessidades?* Com a rotina, as coisas começaram a entrar nos eixos.

Um bebezinho deixa tudo meio que de pernas para o ar, mas com o passar do tempo a rotina trará calmaria à tempestade. Garanto-lhe que meus filhos não são exceção. A rotina vai dar certo com o seu bebê também.

Capítulo 9

Voltando ao trabalho

Se é difícil ter um bebê, voltar ao trabalho depois do nascimento dele é mais difícil ainda. Para muitas das mães recentes, não há opção, elas têm de voltar ao trabalho. Outras mães ficam felizes por voltar ao trabalho quando o período de seis semanas acaba. Se elas forem como eu, quando voltarem ao trabalho sairão de casa cantando os pneus. Qualquer que seja o motivo para uma mãe recente voltar ao trabalho, o retorno verdadeiro ao trabalho é um mundo completamente novo. Lembra do filme *Uma secretária de futuro*, em que Melanie Griffith finalmente consegue o emprego que queria e está recostada em sua cadeira giratória no escritório com a música de fundo, *Let the river run*, da Carly Simon? Pergunto-me como ela estaria se tivesse deixado um bebê em casa naquela manhã. Bem, se ela fosse como eu, provavelmente ficaria rodando a cadeira e até pularia um pouco, mas isso é divagação.

Depois de um bebê, as coisas mudam para a mulher que trabalha fora. Ela não trabalha mais de acordo com a escala da empresa; ela trabalha de acordo com a escala de quem está cuidando do seu filho. Se antes ela conseguia se concentrar somente no trabalho, agora se distrai pensando nos cuidados dispensados ao seu pequenino, no nariz escorrendo que percebeu ao deixá-lo, ou no leite do peito que está molhando a sua blusa. Será que é possível suavizar esse momento difícil que é voltar ao trabalho? Pode apostar que sim! Este capítulo inclui algumas ideias para facilitar um pouco a transição do retorno ao trabalho. Falo ainda sobre como lidar com a carga de trabalho a ser feito e também sobre como lidar com os colegas de trabalho. Por fim, dou dicas para você se livrar da culpa que domina os pensamentos das mães que acabaram de ter filhos.

Livrando-se da culpa

Se você acabou de ser mãe e tem de voltar ao trabalho, ou se está planejando voltar, saiba que não está sozinha. De acordo com um recente relatório do Censo Norte-Americano, 55% das mães recentes fazem parte do mundo do trabalho.[1] Obviamente voltar ao trabalho depois de ter bebê é a realidade de milhões de mulheres. A culpa que se segue por ter de deixar o bebê é também uma realidade. Existem as mães que *têm* de voltar a trabalhar e sentem-se culpadas por deixar os pequeninos. Existem as mães que não se sentem culpadas por terem de deixar os pequeninos para continuar a carreira, mas sentem-se culpadas por *não* se sentirem culpadas. Apesar de ter brincado dizendo que "saí cantando pneus" no primeiro dia de retorno ao trabalho, a verdade é que *realmente* me senti culpada. Era uma daquelas mães que durante toda a gravidez achava que ia querer voltar a trabalhar, adaptar o bebê a minha vida profissional e continuar com o meu jeito de "conciliar tudo".

Era uma ilusão. Assim que o bebê nasceu, deixá-lo não era tão fácil como eu pensava que seria. Ah, eu admito que a princípio curti o fato de poder tomar uma xícara de café em paz. Depois que a privacidade da minha xícara de café deixou de ser novidade e a realidade de deixar meu menininho em casa foi ficando cada vez mais clara, fiquei muito triste. Em suma, senti-me culpada.

Prometo que é fácil!

Desde que voltei a trabalhar, sinto-me culpada todos os dias, por um motivo ou por outro.

Após algumas semanas me torturando, percebi uma coisa. A culpa não me levava a lugar algum. Meu filho estava em boas mãos. Minha vizinha, mãe de cinco filhos, cuidava dele na casa dela todos os dias. E a questão era que eu *precisava* trabalhar e não havia nada que pudesse fazer quanto a isso. Sentir-me culpada em relação a uma situação sobre a qual eu não tinha poder algum só aumentaria o fardo em meus ombros e sugaria minha energia. Era improdutivo. O mesmo pode ser dito sobre a culpa das mulheres que *querem* trabalhar. Elas não podem mudar o fato de quererem continuar trabalhando. O trabalho as identifica como pessoas e afeta o tipo de mães que são. Parar de trabalhar por causa da criança resulta em uma mãe infeliz, e essa não é a solução. Repito, a culpa é improdutiva.

Quando comecei a perceber os efeitos negativos da culpa, mudei o rumo. Comecei a me focar nas coisas que *podia* mudar para facilitar um pouco a minha vida profissional. Comecei a tentar aproveitar o tempo que *tinha* para passar com meu garotinho. A culpa começou a diminuir. Não importam quais são as suas razões para voltar ao trabalho, guarde a culpa no armário e deixe-a por lá. Concentre-se nas coisas que você *pode* fazer para facilitar um pouco a sua vida profissional quando voltar a trabalhar. Felizmente, há boas notícias em termos de ajuda às mães que trabalham fora.

Auxílio da empresa

Nunca antes a América corporativa foi tão condescendente com a mãe que trabalha fora. De acordo com um artigo da revista *Redbook*, "dois terços das grandes empresas estadunidenses têm algum tipo de opção favorável à família".[2] Você já ouviu falar em horários flexíveis, berçário no local de trabalho, salas de amamentação, não ouviu? Bem, essa é a regra número um. Tire vantagem de *tudo* que for oferecido pela sua empresa. As empresas costumam fazer propaganda do seu apoio às famílias. Aprenda quais são os benefícios oferecidos pela sua empresa. Embora eu perceba que toda mãe de primeira viagem não trabalha para nenhuma das 500 empresas que constam da lista anual da revista *Fortune*, o ambiente é amigável em qualquer empresa. Então, mesmo que não haja uma lista dos benefícios à família, você pode se surpreender com eles se simplesmente perguntar quais são. Lembre-se, as empresas fazem essas coisas porque precisam de empregados bons, experientes e que trabalhem duro. Se oferecer benefícios satisfaz a necessidade deles, eles não somente vão entusiasticamente fazer propaganda disso, como também vão expandir e aperfeiçoar os benefícios.

O primeiro benefício que gostaria de mencionar é o horário de trabalho flexível. Algumas empresas oferecem mais do que seis ou doze semanas de licença. Algumas oferecem um horário flexível após doze semanas, com discrição. A licença adicional provavelmente não será remunerada, mas pode incluir benefícios. Veja o que pode ser bom para você. Creio que, contanto que suas finanças permitam, quanto mais flexível for o seu horário durante o primeiro ano de vida do seu filho, melhor será. Quando nos tornamos mães pela primeira vez, costumamos pensar que vamos ter de cuidar do bebê *para sempre*. Em vez disso, concentre-se em atingir a etapa do seis meses e, depois, a de um ano. Nos primeiros seis meses pode ser que alguém da família ou uma babá cuide do seu filho na sua casa. Esse tipo de situação pode ser mais confortável para o bebê. Depois de seis meses, contudo, conforme o bebê cresce, um berçário perto do trabalho pode ser a melhor opção para sua família. Ter um horário de trabalho flexível dos primeiros seis meses a um ano pode ajudá-la a ter paz de espírito e auxiliar em seu desempenho no trabalho, em vez de trabalhar o dia todo durante esse período estressante.

Prometo que é fácil!

Pergunte. Nunca se sabe o que eles estão dispostos a fazer para manter um bom empregado.

Para obter a flexibilidade de horário no trabalho você tem de ser proativa. Elabore uma escala de trabalho que atenda às suas necessidades. Marque uma reunião e sente-se para conversar com seu chefe. Durante a gravidez do meu filho, não toquei no assunto de licença-maternidade com meu chefe. Quando o terceiro trimestre da gravidez se iniciou, percebi que tinha de ter "a conversa" com ele. Marquei uma reunião e sentei-me de frente para a mesa dele. Simplesmente disse: – O que você acha se eu voltar a trabalhar meio período durante cinco meses depois que a minha licença de seis semanas acabar? Ele olhou para mim e suspirou aliviado. Ele achou que eu fosse lhe dizer que não voltaria a trabalhar depois que o bebê nascesse. Ele concordou com o meu plano.

O que quero dizer é que você tem de pedir! No meu caso, embora meu salário tenha sido dividido pela metade, consegui manter meu emprego e todos os meus benefícios. Meu filho tinha seis meses quando voltei a trabalhar período integral. Trabalhar o dia todo, tendo um bebê que segue uma rotina e dorme a noite toda é uma proposta bem mais fácil.

Auxílio da família

Todo mundo *diz* que quer ajudar com o bebê. Eles dizem: – Diga-me o que posso fazer para ajudar que eu venho rapidinho –, ou então – Se precisar de mim, é só telefonar! – tá bom. Você nunca pede ajuda e ninguém vem ajudar. De repente, você se pega perguntando-se por que está sentada sobre uma pilha de roupa suja, com a louça para lavar e um banheiro que deveria ser interditado. Não é hora para ser tímida. Peça coisas pequenas a várias pessoas: – Mãe, você pode se comprometer a ficar com o João às segundas-feiras, das 7 às 17h30? – em vez de pedir – Mãe, você pode cuidar do João até ele completar dezoito anos? –, ou ainda – Pai, você pode se comprometer a buscar o João na escola às terças-feiras para que eu possa fazer ginástica e voltar à minha forma? –, e que tal? – Irmãzinha, você pode vir aqui toda quinta-feira para me ajudar a dobrar as roupas limpas enquanto assistimos ao *Grey's Anatomy*?* Pode acreditar em mim, se não puderem, eles vão dizer. Passe para a próxima pessoa da lista. Lembre-se: o pedido de ajuda não precisa ser eterno, é só até você voltar a pegar o jeito.

Prometo que é fácil!

"Voltar me deixava arrasada, mas eu era apaixonada por meu trabalho."

A grande maioria das mães que trabalham fora me disse que a maior ajuda, quando voltaram a trabalhar, veio do cônjuge, da família, dos amigos e dos vizinhos. As histórias e a criatividade que essas garotas usaram para "fazer dar certo" são surpreendentes. Algumas mulheres trabalhavam à noite e deixavam o bebê com o marido. Algumas deixavam o bebê com os sogros por alguns meses, antes de colocá-lo no berçário. Algumas pagavam uma babá para cuidar do bebê em casa para não terem de tirá-lo de lá. Outras pagavam às primas para dar uma limpada na casa e assim diminuir seu fardo de tarefas domésticas. O que cada um desses exemplos mostra é que todas essas mulheres pediram pela ajuda específica de que precisavam.

Dicas para o trabalho

Quando voltar a trabalhar de forma mais ou menos regular, você vai perceber que as coisas mudaram um pouco. Ao mesmo tempo que você continua sendo a pessoa dinâmica de sempre, entrará em pânico quando o relógio bater 17 horas e você ainda precisar trabalhar por mais duas horas, mas tem de sair e buscar o seu pequeno. Seus colegas

* *Grey's Anatomy* é um drama médico norte-americano exibido pelo canal Sony da TV paga. (N. da T.)

de trabalho vão ficar com um pouquinho de inveja pelo fato de você sair mais ou menos na hora – e nem vão se lembrar de você ter chegado cedo, trabalhado na hora do almoço e não ter participado de nenhuma conversa "extraprofissional" durante o expediente. Você pode se sentir mal por não ter podido comparecer à reunião das 20 horas. Bem-vinda ao mundo das mães que trabalham fora.

Ao mesmo tempo que eu gostaria de dizer a você que sua carreira vai continuar no mesmo ritmo de antes do nascimento do bebê, sei que provavelmente estaria mentindo. A menos que você tenha uma babá em tempo integral em casa, é bem provável que a sua carreira tenha de dar uma desacelerada por um tempo. Na América corporativa, os empregados que aceitam fazer hora extra sem pestanejar são os que progridem em ritmo mais acelerado. Contudo, não há motivo para jogar a toalha. Lembre-se: seu bebezinho está ficando cada vez maior diariamente. A necessidade adicional de se estar em casa num horário razoável não durará para sempre. Enquanto isso, enumerei uma lista de dicas que descobri em minhas entrevistas pessoais para ajudá-la a passar ilesa por esses próximos meses de trabalho. Creio que estas dicas podem ser úteis em qualquer situação profissional.

* **Tente não chegar atrasada.** Você deve manter a imagem de que tudo está bem e sob controle para que seu chefe, colegas de trabalho e toda a equipe sintam-se confortáveis com sua segurança.

* **Comunique-se.** Mantenha boa comunicação com o pessoal, membros da equipe, clientes e especialmente com seu chefe. Faça propaganda da sua disponibilidade. Certifique-se de que todo mundo com quem você tem de tratar tem seu número de telefone, *e-mail* e seu horário para que possa contatá-la se quiser. Não dê a ninguém motivo para questionar seu horário ou dizer: – "Não sei onde ela está hoje".

* **Mantenha a situação dos seus projetos sempre atualizada.** Fazer com que seu chefe saiba como andam os seus projetos dará a ele a confiança de que você está fazendo a transição de volta ao trabalho com sucesso. De acordo com o BabyCenter, manter esse tipo de contato com seu chefe "não só o mantém informado, como também é uma forma de manter um registro de quanto trabalho você fez de uma semana para a outra".[3]

Prometo que é fácil!

Toda mãe que vê a berçarista tirar dos seus braços um bebê aos prantos, enquanto vai embora enxugando as próprias lágrimas, sabe que isso não é jeito de se começar o dia.

* **Mantenha-se organizada.** Ter sucesso em qualquer tarefa demanda organização em casa e no trabalho. Minha colega de quarto da faculdade me disse que uma mãe que trabalha fora está sempre um passo à frente das demais pessoas. Ele sugeriu deixar sempre dois pares de calças pretas à mão, caso o bebê regurgite e você tenha só dois minutos para trocar de roupa antes de sair de manhã. Ela também sugeriu deixar o tanque do carro sempre cheio. É um estresse a mais saber que se está atrasada e ainda ter de passar no posto de gasolina. Ela sempre brinca dizendo que pode morar cinco dias seguidos em sua *minivan* se preciso for.

* **Estabeleça uma rotina para o bebê.** Conforme descrito no Capítulo 8, uma rotina flexível para o bebê pode ser o salva-vidas da mãe que trabalha fora. A possibilidade de seu bebê dormir por sete horas seguidas entre nove e doze semanas de vida é uma grande vantagem para a mãe que trabalha.

* **Cuidado com o dedo-duro.** Toda empresa tem um. É aquela pessoa que fica espionando e pega você bem na hora em que está chegando cinco minutos atrasada. É a pessoa que passa bem em frente a sua mesa quando você está tentando sair quinze minutos mais cedo. No filme *Como eliminar o seu chefe*, exibido nos anos 1980, a dedo-duro era Lily Tomlin*, que protagonizava uma mulher chamada Roz. Sempre que as meninas do escritório queriam falar algo sobre o chefe, elas iam até o banheiro feminino e davam uma olhada por debaixo das portas para ver se Roz não estava lá. O dedo-duro não se importa se você está tentando fazer malabarismo com o bebê e a carreira exigente. Ele passa os dias averiguando aqueles que não estão agindo de acordo para que possa contar isso ao chefe, aparentemente para parecer um funcionário exemplar.

Sofri com uma dedo-duro quando voltei a trabalhar. Nem me lembro do nome dela. Era uma senhora infeliz que na minha frente era toda amigável, mas anotava cada movimento meu. Naquela época, meu chefe nos administrava de um escritório satélite e só vinha ao nosso escritório uma vez por mês. Toda vez que eu batia o cartão às 8h05, ele me ligava para falar sobre isso. Não conseguia entender como, até que um dia perguntei a ele: – Como você sabe a hora que eu chego no escritório? – confrontei-o – Você está em Dallas! –, e ele disse: – Ah, tenho muitos espiões. Mais tarde, acabei descobrindo por um colega que o trabalho da dedo-duro era ligar para ele avisando quem tinha chegado tarde.

A melhor maneira de lidar com um dedo-duro é não dar motivo algum a ele. Faça tudo o que puder para chegar na hora. Esteja presente em todas as reuniões de cabeça erguida; nada de histórias desgastantes sobre como você quase não conseguiu sair de casa. Mantenha

* Lily Tomlin é uma premiada atriz, produtora, comediante e escritora estadunidense. (N. da T.)

toda a sua equipe informada sobre os seus horários. Acima de tudo, faça seu trabalho sem passar serviço para terceiros. Na maioria das vezes, quem trabalha com você não está nem um pouco preocupado com a sua nova função de mãe e quer manter as coisas no "nível profissional" de sempre. Se for possível, mantenha um "nível profissional". Seja a mesma profissional de antes de o pequenino nascer. Foi seu profissionalismo que a fez bem-sucedida em primeiro lugar. E o mais importante: lembre-se de cuidar muito bem da próxima garota do seu escritório que se tornar mãe.

Durma. Sono é uma situação polêmica nessa fase da vida. Confiantemente, seu bebê estará obedecendo a uma rotina e dormirá a noite toda. Isso não significa que o tempo em que você poderia dormir deverá ser gasto com trabalho extra. Não caia na armadilha de tantas mães que trabalham fora. Na tentativa de fazer tudo, elas voltam para casa depois de um dia cheio de trabalho e cuidam da família, esperam a família dormir e trabalham mais algumas horas para fazer a mesma coisa no dia seguinte. Privação de sono é algo perigoso. Digo e repito. *Privação de sono é algo perigoso.* Além dos perigos óbvios, como dormir ao volante, há ainda outros perigos. Não dormir pode causar hipertensão, ganho de peso, doenças coronárias e até morte. Privação de sono é usada como forma de tortura, pelo amor de Deus! Ela afeta a sua habilidade cognitiva, o que certamente não pode ser uma boa coisa para a carreira e a família de alguém. Então, por favor, não use a madrugada para "colocar as coisas em dia". Seu sono *não* é negociável. Se você acha que precisa dessas horas para equilibrar as coisas, insisto que reavalie a sua situação. Contrate uma babá para que você possa ficar até mais tarde no trabalho. Diminua seus projetos de trabalho até as coisas se acalmarem um pouco. Contrate uma faxineira para que a maior parte do serviço seja feita. Faça tudo o que puder para que consiga dormir. Você é importante demais para sua família para arriscar a sua saúde.

Resumo

Se você é uma mãe que trabalha fora, não está sozinha. Quer não veja a hora de voltar ao seu cargo, quer volte a trabalhar aos prantos, a boa notícia é que há ajuda da qual você pode se beneficiar. Pergunte ao seu empregador quais tipos de horários flexíveis ele pode oferecer a você nos primeiros seis meses, ou até seu filho completar um ano. Quando você realmente tiver de voltar a trabalhar em período integral, lembre-se de dormir. Tente ser o mais organizada possível e mantenha os canais de comunicação abertos com sua equipe, clientes e com seu chefe. Não perca suas tarefas profissionais de vista e procure não levar trabalho para casa. Contrate uma babá que fique até a noite uma vez por semana e fique até mais tarde no trabalho se tiver de concluir algum serviço. Mantenha-se flexível. A situação pela qual você está passando não durará para sempre. Se você precisa de mais tempo de licença no momento, peça. Use seu banco de horas quando for preciso. Acima de tudo, deixe a culpa guardada no armário. A culpa é inútil. Aproveitar o tempo que tem para passar com o bebê não tem preço.

Capítulo 10

Como fui me meter nesta encrenca?

Quando você chega em casa do hospital com o seu primeiro filho no colo e começa a vivenciar sua nova função e o que a acompanha, bem... pode ser um pouco assustador. Pensamentos surreais podem vir a sua mente. Será que o hospital aceita o bebê de volta? Exatamente por quantos anos vou ter de continuar fazendo isso? Não há dúvida de que você ama seu filho, todas as mães amam. Só que você pode não ter se dado da conta da grandeza da maternidade. Mesmo se você tiver várias experiências com crianças, é diferente quando se tem a *sua* criança. Só o seu próprio filho fará com que você amaldiçoe seus vizinhos enquanto eles dormem ou o seu marido enquanto ele dorme e você está para lá e para cá com o bebê no meio da noite. Este capítulo irá avaliar os sentimentos que vivenciamos quando a maternidade se inicia e dará a você algumas ideias para tornar essa transição mais fácil.

Quando eu tinha 12 anos, não pensava que cuidar de bebês fosse grande coisa. Minha melhor amiga e eu costumávamos ser babás ocasionais para a vizinha que morava no final da rua. A mãe não trabalhava fora. O pai trabalhava com construção. Mal podiam pagar pelo sobrado que haviam comprado. Uma vez por ano, saíam para jantar para celebrar o aniversário de casamento, e lembro-me perfeitamente de uma de nossas experiências como babás deles. Dessa vez em particular, os dois garotos mais velhos (de três e cinco anos) não davam trabalho, mas o mais novo, o bebê, era outra história. Ele chorava o tempo inteiro. Não me lembro de ter ficado chateada com isso. Só me lembro de pensar que talvez houvesse algo errado com ele. Procuramos uma autoridade superior: uma amiga da minha mãe.

Prometo que é fácil!

O programa *Supernnany* é uma grande fonte de conselhos e ideias para a criação dos filhos. Se você nunca ouviu falar no "tapete da disciplina", está na hora de ligar a TV.

Quando ela chegou, não fez nada muito diferente do que havíamos feito para acalmar o bebê. Ela simplesmente o pegou no colo e andou pela casa com ele nos braços, comentando sobre a sujeira em cada cômodo que entrava (ainda me lembro de um prato cheio de bolachas recheadas abertas ao meio e sem o recheio na cozinha. Isso mesmo, é exatamente o que você está pensando. Alguém "abocanhou" só o recheio cremoso e deixou o restante lá em cima do prato. Pois é, quem guarda tem, creio eu). É claro que minha amiga e eu tínhamos notado a bagunça geral, mas não paramos para pensar nisso. Ah, como a mente adolescente funciona!

A amiga da minha mãe acabou nos deixando para ninar o bebê, e esperamos o jovem casal voltar do passeio. Nunca pensamos em ligar para a mãe, pois sabíamos que era bem provável que aquela seria a única vez do ano que eles sairiam. Esse foi o meu primeiro vislumbre real do mundo da dona de casa/mãe. Não parei para pensar muito. Minha amiga e eu pegamos nosso dinheiro e só pensávamos em como gastá-lo. Afinal de contas, não tínhamos de lidar com aquela situação diariamente. Estávamos indo embora.

Uma coisa é fazer uma visita. E é outra coisa bem diferente morar num lugar assim! Treze anos depois, tive o meu próprio bebê, um menino. Não tirei nenhuma licença antes do nascimento e entrei em trabalho de parto durante o meu horário de trabalho, na verdade. Dois dias mais tarde, saí do hospital com meu recém-nascido e olhei ao redor procurando pela mãe. Fui jogada no mundo dos bebês, do serviço doméstico e das donas de casa de uma hora para a outra. Uma das maneiras mais fáceis de resumir a mudança que todas as mães de primeira viagem vivenciam é que você não pode mais dormir quando tiver vontade. Instantaneamente, você passa a agir de acordo com os horários estabelecidos por terceiros.

Ninguém pode prepará-la para as mudanças de estilo de vida que acontecerão com você depois que seu primeiro filho nascer. Lembro-me de imaginar se era possível que eu estivesse passando por uma metamorfose instantânea para me transformar nessa nova pessoa chamada "mãe". Parecia que isso aconteceria no momento em que meu filho nascesse, mas não foi isso que aconteceu comigo. Não me sentia mãe e perguntava-me quando a minha transformação iria começar. Perguntava-me se um feixe de luz atravessaria o teto como em *Contatos imediatos*.*

Não demorou muito para começar a me preocupar achando que não era uma boa mãe. Todos aqueles sentimentos que ouvia as mulheres descrevendo na TV sobre estarem ligadas emocionalmente de forma instantânea no momento do nascimento *não* descreviam o que eu estava sentindo. Claro, ele era fofo e tudo o mais, mas eu sentia outras coisas e elas eram bem mais fortes, como ansiedade, nervosismo e pânico. Eu sentia que havia um oceano a ser desvendado diante de mim e eu não estava bem certa sobre como navegá-lo, ou até mesmo sobre como me manter flutuando.

---

* *Contatos imediatos do terceiro grau* é um filme de ficção científica dos anos 1970, escrito e dirigido por Steven Spielberg. (N. da T.)

Sair da completa liberdade para a completa responsabilidade sobre outro ser humano é incomensurável. Comecei a olhar para meus pais de forma maravilhada. Como eles tinham conseguido? Por que alguém ia querer isso? Também me perguntava se meu marido continuaria voltando para casa ou se acabaria fugindo. A ideia me parecia lógica. Aquele pequeno ser exigente chorava quase que constantemente quando não estava dormindo. Comecei a pensar que todos os programas de televisão aos quais assistia mostrando a alegria dos bebês estavam cheios de sopa (a maneira educada de minha avó dizer "cheios de bobagem").

Prometo que é fácil!

Não se negue a fazer coisas boas a você depois que o bebê nascer. Tome um banho. Faça as unhas. Tome um café com uma amiga. Faça isso acontecer. Não espere até alguém sugerir.

Talvez a sua experiência de "antes do bebê" tenha sido como a minha. Eu costumava acordar de manhã, fazer uma xícara de café para mim, tomar banho, arrumar meus cabelos compridos (passar condicionador, mousse, secar e enrolar), ir de carro até o trabalho, trabalhar o dia todo, voltar para casa e ficar de pernas para o ar. Depois que meu primeiro filho nasceu, podia ficar feliz se conseguisse tomar banho. Tinha 25 anos de idade e ficava presa dentro da minha casa estilo colonial novinha, com meu potente Acura vermelho empoeirando na garagem.

Talvez eu seja jovem demais para começar a ter filhos, pensei. Na verdade, existe um debate em relação a ser mais difícil ou não para as mães mais novas ou mais velhas criarem seus filhos. Eu não acredito nisso. Era relativamente jovem e tive muita dificuldade para me adaptar. Costumava pensar que se tivesse esperado até ficar um pouco mais velha, ou se ficasse mais relaxada, conseguiria lidar melhor com isso. Aparentemente, isso também não é verdade. A verdade é que você passará por isso quando chegar a hora de passar por isso, e ficará estressada da mesma forma se passar por isso cedo ou tarde.

Por muito tempo perguntei-me por que a maternidade era tão difícil. Minha tia costumava dizer que Deus a faz dessa forma para nos frear – para nos deixar em casa por um tempo e assim criar laços afetivos com o bebê. Falando sério, se o bebê fosse agradável e feliz o tempo todo, sairíamos para cuidar de nossas próprias necessidades antes mesmos de eles nascerem. Talvez minha tia tivesse razão. Talvez o bebê exija tanta atenção no começo para que possamos nos ligar a ele. Você tem de se doar completamente, deixar sua vida de lado por um tempo e dizer: "– Adeus vida, até mais tarde". Sendo essa a razão ou não, sei que uma das suas perguntas mais frequentes é: Como é que vou fazer isso pelos próximos dezoito anos?

Milhões de mulheres por aí experimentam sentimentos de agonia em sua nova função. Não que você não ame aquela coisinha; é que você está insegura quanto a sua habilidade de cuidar dela. E se eu não conseguir acordar todas as noites que precisar? Ou a questão mais imediata pode ser: — E se eu não conseguir me levantar do sofá?

O lado bom é que estamos mais preparadas do que nunca para a maternidade, não estamos? As mulheres da nossa geração estão na posição exclusiva de entrar no mundo da maternidade com a opinião arrogante de que está tudo sob controle. Fomos educadas para termos uma carreira, uma casa própria e sairmos de férias com o marido *antes* dos filhos. Esse é o sonho de nossas mães. Vivenciamos algum sucesso em nosso difícil trabalho. Qual a dificuldade que teríamos para cuidar de um bebê? Acrescente a essa confiança a pletora de informações disponíveis sobre cuidar de crianças e gravidez por meio dos livros e da Internet e só podemos esperar um sucesso instantâneo.

Nossas mães entraram nessa história de gravidez e cuidados com as crianças sem o benefício da nova bíblia da nossa geração: *O que esperar quando se está esperando*. Não temos preocupações quanto a voltar ao trabalho depois do nascimento do bebê. Há vários bons berçários por aí. As coisas vão ser as mesmas que sempre foram, só que mais completas agora que o bebê nasceu. Certo? Errado!

É claro que não é tão fácil assim! Nunca foi fácil e nunca será. Nossa experiência pode ser um pouco diferente da de nossas mães, mas não é fácil. Algumas dificuldades não existem mais, mas foram substituídas por novas. Então tá. A boa notícia é que há ajuda. Algumas das melhores ideias são as que estão por aí há mais tempo, mesmo com todos os livros e *websites* existentes. Escolha de acordo com a sua vontade.

Seria ótimo se as mães recentes pedissem ajuda quando precisassem, mas a maioria não pede. Toda mulher que conheço se acha capaz de lidar com a maternidade sozinha. Você acabou de sair do hospital, está dolorida e tem de levantar e cuidar do bebê. Você não é a primeira mulher a ter filhos e todas as outras mulheres que tiveram antes de você parecem lidar com isso sem problemas, então você também vai conseguir. Você precisa dos mantras da mãe de primeira viagem.

> Prometo que é fácil!
>
> **Seu diário também serve para anotar outras coisas, não só as relacionadas ao bebê. Registre os seus sentimentos. Coloque seus pensamentos no papel. Se sentir que eles são assustadores e particulares demais para jamais serem revelados, você pode escrever e depois queimar o papel. Às vezes, só o fato de escrever já é catártico.**

Mantras das mães de primeira viagem

Mantra nº 1: Administre as visitas

Apesar de o seu primeiro pensamento ao chegar em casa do hospital ser o de se jogar na cama com o bebê, não tenha tanta pressa. Seu primeiro desafio será o de lidar com as visitas ao bebê. Naturalmente, todo mundo vai querer ver o bebê. A maioria das mães concorda comigo sobre haver dois tipos de visitas. O tipo 1 é aquele que visita o bebê e você e traz um presente. (Espera-se que haja alguns presentes só para você. Chamo esses presentes de "mimos".) O tipo 2 é aquele que veio para um passeio durante à tarde e quer ser entretido. Aceite o número 1 e afaste-se do número 2!

Todo mundo vai querer visitá-los. É bom receber visitas, contanto que seja nos seus termos. Estamos falando da sua nova família. Não há problemas em dizer não aos parentes que querem visitar no dia em que você saiu do hospital ou no dia seguinte. Você, seu marido e seu filho estão em um novo território. Aproveite para estabelecer as regras para sua preciosa família.

Meu conselho é aguentá-los no hospital. Lá, há horas de visitação específicas e você não pode entretê-los, pois está de cama. Pode ser uma boa ideia mencionar o que deseja antes de o bebê nascer.

Pode ser que você se sinta culpada por essa decisão. Quando sentimentos de culpa assombrarem você, lembre-se de que passou por um procedimento cirúrgico de grande porte que exigiu internação. Fale o que pensa. Por que, neste momento em particular da sua vida, você tem de se preocupar com os sentimentos dos outros? Pense em você e no seu bebê.

É claro que toda regra tem exceções. Pode ser que você queira companhia no minuto em que acabar de chegar do hospital. Depois que meu primeiro filho nasceu, lembro-me de que minha colega de quarto deixou o hospital antes das 48 horas porque ela sentia falta de sua casa. Deixar a companhia constante das enfermeiras que enrolavam meu lindo bebê em sua coberta com o máximo de precisão, levavam-no para o berçário e traziam meus gloriosos cardápios nos quais eu escolhia o café da manhã, o almoço e o jantar preparados por uma outra pessoa? De jeito nenhum! Depois das 48 horas, elas tiveram de me carregar para fora do quarto, minhas unhas agarravam o batente da porta e arranhavam as paredes enquanto elas me levavam corredor afora. Se você deseja mesmo companhia na sua casa depois do nascimento do bebê, então tenha – só se certifique de que seja nos seus termos e, se quiser, recuse-as, como a Rainha de Sabá.

Prometo que é fácil!

As crianças florescem na rotina. Seja o mais consistente possível.

Tudo bem, então você passa pela etapa das visitas e aí uma coisa pior acontece – todos a deixam sozinha. É o seu primeiro momento sozinha com a mais nova alegria da sua vida. Seu marido volta a trabalhar em tempo integral. Todos os parentes estão seguindo com suas vidas diárias e você ficou sozinha para trilhar seu próprio caminho em sua nova função de mãe. Talvez você volte a trabalhar em seis semanas, talvez não. O fato é que, em algum momento você vai ter de enfrentar o primeiro dia do seu novo trabalho. Como qualquer novo trabalho, ele vem acompanhado de uma certa quantia de ansiedade. Diferente de outros trabalhos, você não pode sair às 17 horas, nem mesmo às 18 ou às 19 horas.

Mantra nº 2: Vá com calma

Sei que você está acostumada a fazer um milhão de coisas ao mesmo tempo e consegue mesmo fazê-las. Entretanto, a única coisa que terá de fazer agora é cuidar de você e do bebê. Você está se recuperando de um procedimento que exigiu internação. Não espere conseguir limpar a casa, lavar roupas e cozinhar assim que chegar em casa. Espera-se que você anote os horários de alimentação e soneca do bebê e siga o Seis Mandamentos do Bebê. Tomar banho será o maior evento do dia. Parabenize a si mesma se conseguir fazer isso e tente não se preocupar com a poeira que vai se acumulando. Opa! Agora estraguei tudo. Lembrei você da poeira.

Se você e seu marido já conseguiram comprar a casa dos seus sonhos, pode ser que isso seja um problema agora. Nossa geração parece gastar uma quantidade demasiada de tempo para manter a casa nova um primor. A casa sempre tem de parecer uma casa modelo, pois foi assim que você a viu da primeira vez. Passamos por uma casa modelo cuidadosamente decorada e tentamos copiá-la ficando horas em lojas de acessórios da região para comprar itens que recriassem a aparência original. Essa aparência é algo difícil de se manter no dia a dia.

Prometo que é fácil!

Tome um banho sempre que puder. Pode ser que você ache mais fácil entrar no chuveiro antes de seu marido sair para trabalhar. Se isso não funcionar, não há problema algum em deixar o bebê chorar no berço enquanto você toma um banho rápido.

Depois de um bebê, torna-se algo impossível. Os dias de limpeza fazem parte do passado. É difícil livrar-se de velhos hábitos, e você vai se sentir tentada a manter a aparência da casa modelo limpando a sua casa a cada chance que tiver, principalmente quando o bebê estiver dormindo. Você costumava ter muitas horas para limpar a casa nos finais de semana, agora tem raros momentos para fazer o mesmo trabalho. Logo, a frustração tomará conta de você se seu marido, que sabe que você esteve em casa o dia todo, inocentemente fizer a pergunta mais comum que todo pai de primeira viagem faz: – O que você fez o dia todo?

Prenda a respiração. Seu trabalho é cuidar de você e do bebê durante o dia. Quando o final de semana chegar, seu marido vai começar a entender quanta energia o pequenino consome. Aproveite esse discernimento e comunique-se novamente com seu cônjuge. Explique a ele que o seu trabalho durante o dia é cuidar de você e do bebê. Quando ele chegar em casa, você pode cuidar do bebê e do que quer que vocês dois consigam fazer *juntos*. Se o bebê estiver em segurança e bem cuidado no final do dia, seu trabalho foi feito.

Contudo, na verdade, você sentirá uma necessidade incontrolável de limpar e lavar roupas. Vá com calma. Seguindo a rotina, você começará a perceber os horários das sonecas do bebê. Use esse tempo para escolher algumas tarefas para fazer. Nas primeiras semanas, todavia, o bebê pode não seguir rotina alguma, portanto será difícil encontrar algum tempo livre. Tente não ficar frustrada. Lembre-se de que, se o bebê estiver seguro e bem cuidado, você cumpriu a sua tarefa diária.

Quando você tiver mesmo de fazer alguma coisa, faça o básico. Esvazie a máquina de lavar louça, lave um pouco de roupa, troque os lixos dos banheiros. Não pense em serviço doméstico como sua obrigação. Faça-o pouco a pouco. As áreas mais importantes da sua casa são a cozinha, os banheiros e a lavanderia. Se essas áreas estiverem razoáveis, você se saiu bem. Deixe a poeira assentar. Poeira não faz mal a ninguém

Mantra nº 3: Nunca pule uma soneca

Nunca pule uma soneca. As sonecas serão muito importantes para você nessa fase da vida. Você está dormindo menos à noite, e é um sono *quebrado*. As sonecas serão sua tábua de salvação. Se não conseguir dormir, então descanse com os pés para cima. Ajuda bastante. As sonecas serão a tábua de salvação do seu marido também. *Como?*, você pode perguntar. Bem, se você dormir durante o dia, terá energia para o sexo à noite. Comecei um novo movimento quando estava em casa com as crianças. Chamava-o de "soneca para o sexo".

Parece que as mães de primeira viagem deixam o sexo para lá, pois estão muito cansadas quando a noite chega. A Dra. Laura Schlessinger, em seu livro *Do que os homens gostam*, diz que "ao recusar momentos de sexo com os maridos, as mulheres estão rejeitando seus próprios orgasmos".[1] Ei, eu gosto de um orgasmo como qualquer outra pessoa, mas o cansaço que as mães recentes sentem é verdadeiro! Não é somente o fato de estar cansada e não querer prazer; é que o trabalho que dá para chegar lá é sempre maior que as exigências prementes de sua família. O que você sente, muitas mulheres também sentem. Se seu marido ajudasse mais com a casa, então você não ficaria tão cansada e talvez tivesse energia para sexo. Mas essa ideia não se sustenta também. A verdade é que, mesmo se o marido ajudasse mais, a mulher simplesmente passaria a executar outros projetos. O resultado é o mesmo. A mulher continuaria cansada, e o homem, sem sexo algum. Minha solução é: tire uma soneca.

Eu sei: sonecas são um assunto tabu. É quase tão secreto quanto masturbação. Ninguém admite que se tire-as. Por que ter vergonha? Todo mundo faz! Você devia aproveitar suas sonecas. Adote as sonecas.

Eu precisei tirar sonecas até minha filha mais nova completar três anos. Isso representa dez anos de sonecas. A maioria das mulheres se pergunta como eu arrumava tempo. Eu dormia quando o bebê dormia. Seguia a rotina a fim de que o bebê dormisse pela manhã e à tarde. Durante a soneca da tarde, geralmente me deitava. A maioria das mulheres passaria esse tempo precioso limpando a casa. Mas, falando sério, o que o seu marido prefere – a casa limpa ou mais sexo? Infelizmente, algumas mulheres dirão: "a casa limpa". A elas ofereço minhas condolências. Outras mulheres dirão que eles esperam os dois. A essas mulheres digo: pode ser que sim, mas por enquanto não vai dar, então ele precisa escolher. Você pode escolher por ele. A resposta é soneca, soneca, soneca. A Dra. Laura ficaria orgulhosa.

> Prometo que é fácil!
>
> **Marque encontros noturnos com seu marido, mesmo que vocês não saiam por não estarem dispostos a deixar o recém-nascido. Jantem juntos ou aluguem um filme que você está louca para ver (preferivelmente algo excitante, que a mantenha acordada). Apenas lembre-se de ser flexível. Se um bebê agitado interrompê-la, não hesite em tentar novamente numa outra noite.**

Mantra nº 4: Isso também vai passar

Depois de duas semanas, você vai começar a sentir o peso da sua nova vida. A euforia original irá diminuir e você começará a ver os próximos dezoito anos com certo arrependimento. Pode ser que o bebê esteja se mostrando como realmente é e, conforme vai se adaptando ao ambiente, vai chorando cada vez mais alto e ficando cada vez mais exigente. A privação de sono mostra seus sinais e talvez uma leve depressão se apresente. Talvez você se sinta sozinha e sufocada.

> **Prometo que é fácil!**
>
> **Julgue o menos possível. Cuidado para não se pegar falando "jamais vou fazer como essa mãe". Você só saberá quando passar por isso. Quem sabe? Pode ser que você seja a mãe que suborna os filhos com doce na fila do supermercado.**

É hora de se lembrar que tudo isso vai passar. Diga para si mesma, se necessário. Quando esses sentimentos começarem a assombrá-la, diga a si mesma que vai superá-los. Vamos ver algumas dicas que podem ajudar nessa transição. Primeiro, siga os mandamentos do bebê e a rotina. É provável que você não consiga seguir a rotina ao pé da letra. Mas fique com ela. Haverá dias bons e ruins. Se você tentar seguir a rotina de forma consistente, verá os resultados.

Telefone para uma amiga ou familiar apenas para conversar. Eu ligava para minha mãe toda manhã depois que minha filha nasceu para passar o relatório de progresso do sono. Minha mãe sempre me encorajava. Ajudava ter alguém com quem conversar. Mantenha-se conectada ao mundo exterior. Mesmo que isso signifique um telefonema de dois segundos para uma amiga, ou uma caminhada pelo quarteirão onde você pode encontrar uma vizinha, isso vai ajudar. Faça o que puder para se sentir conectada ao mundo exterior.

Depois das primeiras semanas, o sono poderá se tornar um assunto de extrema importância. A necessidade de fazer tudo sozinha poderá passar quando você começar a imaginar se algum dia conseguirá dormir novamente. Talvez seja a hora de conversar com seu marido sobre dividir os turnos. Se você estiver dando mamadeira, procure dar a das 20 horas e deixe que seu marido dê a das 22 horas para que você durma até a mamada das 2 horas. Meu marido e eu procuramos fazer isso com nossos três filhos e deu muito certo. A desvantagem é que você não fica com ele ao cair da noite e não vai para a cama na mesma hora que ele. Se você acha que essa ideia tem muitas desvantagens, então procure fazer dessa forma só algumas vezes por semana, quando achar que precisa de incentivo.

Se estiver amamentando, veja se seu marido acorda quando o bebê acordar, troca a frada dele, e então traz o bebê para que você amamente. Depois de amamentar, seu marido pode colocar o bebê de volta no berço. Tudo bem, pare de rir. Essas são só algumas ideias. Tenho uma amiga cujo marido fez mesmo isso.

Mantra no 5: Peça ajuda

Depois de alguns meses sem dormir, pode ser que você não se importe em dividir o pacotinho de alegria com o mundo exterior. Uma ótima dica é pedir a um parente que passe uma noite com você. O parente pode ficar com o bebê em outro quarto da casa para cuidar das necessidades dele por uma noite. Uma noite de sono ininterrupto é um presente precioso. Se você estiver amamentando, talvez possa usar esse tempo para complementar com uma mamadeira noturna e assim conseguir dormir uma noite inteira. (Antes de fazer isso, veja se seu estoque de leite vai dar.) Talvez a maior ajuda possa vir de alguém que limpe a casa ou faça o jantar. Sabemos que é difícil pedir esse tipo de coisa, mas se alguém próximo a você se oferecer para ajudar de forma sincera, aceite. Você sempre terá a chance de retribuir o favor.

Por quê?

Às vezes ajuda lembrar a si mesma por que você decidiu ter filhos. Por que as pessoas *têm* filhos? Como elas tomam essa decisão? É claro que perguntei às pessoas. Para toda mulher com mais de 55 anos, a resposta era simples: – Não decidimos, simplesmente engravidei – a falta de métodos contraceptivos faz isso com uma mulher. Desde o advento da pílula, parece que as pessoas tomam uma decisão consciente a respeito de procriar.

Como algumas pessoas chegam à conclusão que estão realmente prontas? Perguntei por aí. Algumas das respostas foram bem interessantes:

* Queria dividir minha vida com um filho.
* Queria viver a experiência de ter um filho.
* Queria expressar meu amor por meu marido ao ter um filho.
* Estava me sentindo incompleta.
* Queria uma família e tudo o que ela inclui.
* Quando um filho acorda, a primeira pessoa que ele quer ver é você.
* Eles sorriem ao ver você.
* Eles correm para você quando a veem.
* Eles procuram você pela casa toda.
* O som da risada do seu filho é o som mais maravilhoso do mundo; você faz qualquer coisa, diz qualquer coisa para que ele ria.

Pergunto-me quantas pessoas realmente teriam filhos se antes soubessem o que isso faria com suas vidas. No final, depois de todo o trabalho investigativo, a resposta ficou clara para mim. Estava no carro com meu marido e os três filhos. Tínhamos acabado de tomar café da manhã e minha filha mais nova disse com toda a clareza o nome de seu irmão mais velho pela primeira vez. Meu marido e eu olhamos um para o outro, como já havíamos feito um milhão de vezes antes, quando as outras crianças tinham dito ou feito algo meigo, engraçado ou sorrido. Uma onda de calor dominou meu corpo e percebi ser essa a razão de termos filhos: acrescentar esse significado, essa dimensão às nossas vidas, o que jamais conseguiríamos de outra forma. Crianças representam vida!

Prometo que é fácil!

Se você não tem amigas íntimas que sejam mães, pense em fazer parte do grupo local de mães.

Isso não nos impede de cerrar os dentes milhares de vezes por dia diante das muitas frustrações que temos ao criar outro ser humano. Infelizmente, essa cerração de dentes geralmente vem acompanhada de culpa. A voz dentro da sua cabeça começa a latejar algum provérbio que aquelas velhas mulheres estranhas na fila do supermercado não conseguem deixar de compartilhar com você. Sabe, aquelas senhoras que você nem conhece e que se aproximam de você quando está em alguma loja com seus filhos para dar conselhos gratuitos. "Aproveite seu tempo com eles, passa tão rápido". É o que elas dizem, e é isso o que a voz na sua cabeça poderá dizer quando você cerrar os dentes.

Mas é provável que seu questionamento continue, como posso aproveitar esse tempo se estou o tempo todo frustrada? Talvez eu não seja uma boa mãe. Por que é tão difícil? O Dr. Spock diz o seguinte:

> *É claro que os pais não têm filhos porque querem ser mártires, ou pelo menos não deveriam. Eles têm filhos porque amam crianças e querem ter as suas. Também amam crianças porque se lembram de terem sido tão amados por seus pais em sua própria infância. Cuidar de crianças, vê-las crescer e se transformar em boas pessoas – apesar do trabalho árduo – é a grande satisfação da vida dos pais. Isso é a criação. Essa é a nossa mortalidade visível. Orgulhar-se de outras realizações mundanas é em geral meramente uma fraca comparação.*[2]

Quando seu bebê finalmente sorrir, por volta de quatro semanas, você vai entender. Você vai fazer tudo para ele sorrir. *Tudo* valerá a pena. Tudo bem, quase tudo. Como alguém pode sorrir por causa desse ser humano mal-humorado a maior parte do tempo que traz tanta alegria e prazer? Esse é um dos milagres de Deus, sem dúvida. Estou convencida de que Deus nos dá esse sorriso para nos manter no jogo.

> Prometo que é fácil!
>
> **Se você não gosta de ficar em casa, não é a única. Muitas mães decidem não trabalhar fora, pois sentem que essa é a melhor escolha para sua família – mas não morrem de amor por isso.**

Resumo

Espero que este capítulo tenha dado a você um modelo de referência sobre os seus sentimentos conforme começar a cair na realidade da maternidade. Lembre-se, antes de tudo, que você não está sozinha. Os sentimentos que possui são normais e todas as outras mães os têm em determinado momento ou outro, mesmo que não admitam.

Muitas mulheres escreveram sobre seus sentimentos honestos em relação a esse assunto em seus livros. Se estiver procurando por um auxílio mais imediato, há vários quadros de mensagens na Internet em que as mães conversam umas com as outras em tempo real todos os dias. Leia alguns e encontre um que combine com a sua personalidade e seus sentimentos em relação à maternidade. Há também quadros de mensagens que são dirigidos à comunidade, então pode ser que você se encontre com as mães que acabaram de ter filhos na sua região.

Capítulo 11

O que é ser dona de casa e como eu me tornei uma?

A definição para *dona de casa* que o *Webster's Ninth Collegiate Dictionary* traz é a seguinte: "1. uma mulher casada responsável pelo serviço doméstico; 2. um recipiente pequeno para pequenos objetos". Eu não estou inventando!

Você pode não perceber isso quando engravida, mas você se torna mais do que mãe ao dar à luz. A transformação que ocorre é mais sinistra do que a do Dr. David Banner no filme *O Incrível Hulk*. Assim que você coloca os pés em casa com um recém-nascido no colo, encarara a realidade de uma função que alterará sua vida. De uma hora para outra você deixa de ser uma mulher independente, que trabalha fora, para ser, ouso dizer, uma dona de casa!

O que antes era uma palavra usada para descrever "outras" mulheres que você via no *shopping*, empurrando os carrinhos de seus filhos e entrando em filas durante a sua hora de almoço, é agora uma palavra que define quem *você* é – dona de casa! Muito em breve você começará a pensar na sua relação com esse rótulo, um rótulo cuja conotação pode não estar clara.

Não importa se você ficará em casa seis semanas, seis meses ou seis anos depois de o bebê nascer. Você terá de lidar com o rótulo de "dona de casa". O limite entre as funções fica mais claro do que nunca quando seu marido entra na cozinha e pergunta: – O que tem para o jantar? – sua resposta vai ser olhar ao redor para ver se ele está falando com você.

Como você chegou a esse ponto? É uma pergunta que todas nós acabamos nos fazendo. O que é ser uma dona de casa e como eu me tornei uma? Em minha opinião, o papel da dona de casa e as expectativas que o substantivo implica fazem parte da transição de se tornar mãe ao mesmo tempo em que se lida com as assaduras causadas pela fralda. Diferente da assadura, contudo, não há pomada disponível que suavize a "assadura" muitas vezes causada pela alegria de ser dona de casa. (Isso me faz lembrar de uma das minhas falas prediletas do filme *Ou tudo ou nada*: "pode ser que haja creme antirrugas, já creme anticretino não existe mesmo").

> Prometo que é fácil!
>
> **Dê fraldas brancas de pano para seu bebê abraçar quando ele estiver dormindo. As fraldas de pano ficam mais macias a cada lavada e sempre podem ser substituídas se perdidas. Use alvejante para que não pareça que seu filho está andando por aí com um trapo sujo conforme ele for crescendo.**

A questão se tornou bem real para mim quando meu filho tinha dois anos de idade. Minha vida pessoal estava em discordância com a minha vida profissional. Não podia mais ficar até tarde no trabalho e às vezes tinha de me ausentar de reuniões. Batia o cartão atrasada, sempre depois das 8 horas, e geralmente achava que não estava cumprindo nenhuma função direito (no trabalho e como mãe). Então, fiz o que muitas das minhas irmãs da Era da Informação fizeram: retirei meu fundo de garantia e as minhas férias, coloquei meus ternos e saltos no armário, e entrei para o mundo das mães que não trabalham fora.

Deixe-me dizer uma coisa. Estava *morrendo de medo*!

A transição não foi fácil para mim ou para o meu marido. Infelizmente para o meu marido, o primeiro episódio de *Oprah* a que eu assisti era sobre um caso de divórcio. Mais do que um caso de divórcio, tornou-se uma "acusação"[1] contra a mãe que não trabalhava fora. Ela era ou não uma parceira de verdade no casamento? No caso discutido na *Oprah*, a esposa "corporativa" pediu o divórcio para o seu marido bem-sucedido, exigindo metade de seus milhões.

Perguntei-me como os produtores conseguiram transformar aquele caso num episódio inteiro de *Oprah*. Mas continuei assistindo e aprendi que pegar metade do dinheiro da família não era só uma jogada da mãe que não trabalhava fora. De queixo caído, fiquei fascinada ao ver a plateia, surpreendentemente as mulheres, expressarem seu ponto de vista de que ser dona de casa era uma "honra e um privilégio". Ai! E que aquele dinheiro pertencia ao marido, pois na verdade, era ele quem o tinha "ganho". Ai de novo!

Fiquei surpresa. Perguntava-me se por um acaso tinha sido transportada como que por magia aos anos 1950. E tinha mais. Os advogados do caso disseram que a esposa não conseguiria ter ganho a metade do dinheiro do marido sozinha. Disseram ainda que ela tinha direito a receber o que o marido estava disposto a dar a ela. Naquela altura eu parecia Ted Striker, no filme *Apertem os cintos, o piloto sumiu!*, quando ele aprende a pilotar o avião sozinho. (Ou seja, o suor literalmente escorria pelo meu rosto).

Não acreditava no que estava ouvindo. Pensei: *quem são eles para dizer quanto dinheiro ela poderia ter ganho? Ela podia muito bem ser a próxima Madame Curie*[*]*, certo?*

---

[*] Marie Curie, nome assumido após o casamento por Maria Skłodowska (Varsóvia, 7 de novembro de 1867 — Sallanches, 4 de julho de 1934), uma cientista polaca que exerceu a sua atividade profissional na França. Foi a primeira pessoa a ser laureada duas vezes com um Prêmio Nobel: de Física, em 1903 (dividido com seu marido, Pierre Curie, e Becquerel), pelas suas descobertas no campo da radioatividade (que àquela altura era ainda um fenômeno pouco conhecido), e de Química, em 1911, pela descoberta dos elementos químicos rádio e polônio. (N. da T.)

Quando meu marido chegou em casa naquela noite, ele me encontrou num canto da sala pronta para emboscá-lo como o Homem-Aranha faria. Queria saber como ele se sentia em relação ao assunto: Será que *ele* pensava daquela forma? Será que conseguia imaginá-lo num tribunal, cercado de advogados, dizendo que "não achava que nosso casamento era um trabalho em equipe"[2],como o marido milionário tinha dito? Será que eu devia voltar correndo ao meu velho escritório e pedir meu emprego de volta? Depois que me acalmei, ele me garantiu duas coisas. Número 1: bloquearíamos o canal em que o programa *Oprah* passava. Número 2: ele não concordava com os advogados do caso de divórcio nem com a plateia da *Oprah*. Levei algumas horas para me acalmar e resisti à vontade de ligar para o meu chefe para pedir meu emprego de volta. Estava fora do mundo empresarial em período integral e estava feliz por isso.

A forma como as mulheres se sentem em relação a deixar um emprego para trás – mesmo que temporariamente – e o impacto que ficar em casa tem sobre o casamento relaciona-se com a adaptação à maternidade. Mesmo assim, poucas pessoas falam sobre isso. Lembra-se do episódio da *Família-Sol-Lá-Si-Dó* em que Bobby Brady começa a pensar que Jesse James era herói porque todas as partes violentas dos filmes de Jesse James eram cortadas? (Acho que quase toda situação da vida tem alguma identificação com a Família-Sol-Lá-Si-Dó). Bem, as mães precisam do panorama geral, sem corte algum. Uma adaptação bem-sucedida por parte da mulher que trabalha fora à maternidade é vital, mesmo assim a maioria dos livros sobre maternidade tende a deixar essa discussão de lado. Esses livros aprofundam-se na discussão da maternidade só quando o assunto é depressão pós-parto. Bem, e todo mundo que não sente depressão pós-parto, mas também não se sente muito confortável com a função de mãe?

O primeiro passo para a compreensão é manter o diálogo aberto. Há muita força no diálogo. Então, vamos dar uma olhada em algumas questões polêmicas que se relacionam à adaptação do trabalho em período integral ao de meio período e, finalmente, a não mais trabalhar fora.

Prometo que é fácil!

Seu tempo em casa não é uma folga do trabalho. Demorei muito para assimilar esse conceito.

Do escritório para casa Questão 1: Ainda sou uma companheira em pé de igualdade?

Embora nossos cônjuges garantam que nosso trabalho é "o mais difícil do mundo" e que têm "todo o respeito do mundo pelo trabalho que fazemos", vamos dizer a verdade: nos cantos mais profundos de nossas mentes (às vezes não tão profundos), achamos em alguns momentos que nossa função não é tão importante quanto a de ser o provedor do lar. (Não é difícil imaginar quando parece que tudo o que fazemos é colocar a mesa, limpar a mesa, alimentar o bebê, trocar a fralda do bebê e assim por diante.) Começamos a questionar nosso valor no relacionamento. Começamos a questionar tudo o que compramos. Começamos a pedir a opinião do marido para todas as decisões que antes tomávamos sozinhas. Começamos a perder a autoconfiança.

Algumas dessas questões surgem imediatamente após deixarmos nossos empregos. Algumas delas surgem depois de anos. As questões se transformam em hábitos pessoais e, antes de você se dar conta, estará tomando antidepressivos e ponderando se é melhor ou não ir à sua loja predileta a fim de não ultrapassar o limite de compras do cartão!

Essa questão de valor e valorização pode ser a número 1 com que a dona de casa se depara. Sua importância como mãe que não trabalha fora ou como dona de casa é inegável. Considere os pensamentos abaixo se estiver lutando internamente com a ideia de que talvez você não seja uma companheira em pé de igualdade.

* Vocês dois fazem diferença.
* Casamento é parceria.

* Seu papel é *vital* para o sucesso da família.
* Você é a *companheira* do seu cônjuge.
* Vocês dois são *essenciais* para o sucesso da família.
* Nenhum dos dois tem um papel mais importante que o outro.

Os advogados do caso de divórcio que assisti na *Oprah* estavam enganados. A questão é: você *é* vital para o sucesso de seu marido na carreira. Ele dá o apoio financeiro, mas o seu apoio permite que ele fique até mais tarde no trabalho, saia bem cedo de casa para trabalhar e viaje, caso seja necessário. O seu apoio permite que ele explore a carreira com completa liberdade. Você cuida do serviço doméstico, do preparo das refeições, da nutrição, das roupas, dos cuidados com as crianças e da família – e você faz isso tudo de graça. Você é um elemento essencial para o sucesso disso tudo.

Questão 2: A visão da sociedade em relação à mãe que não trabalha fora

Conforme os meses foram se passando e eu fui ficando em casa, comecei a avaliar esse novo mundo da mãe que não trabalha fora. Senti-me um pouco como aquelas pessoas que trabalham em programas de televisão e se fazem passar por obesos só para ver como as pessoas acima do peso são tratadas no mundo. Percebi que as pessoas começavam a me encarar no *shopping*, vendo-me de *jeans* no meio do dia. Seus olhares pareciam dizer: "Por que ela não está trabalhando? Ela é muito mimada. Adoraria poder perambular por aí no meio do dia!"

Então, de vez em quando, um comentário ou outro surgia quando conversava com outras mães que trabalhavam fora. Elas diziam como eu "tinha sorte" de ficar em casa. O adjetivo "fácil" também começou a fazer parte da conversa quando falávamos sobre a vida doméstica. Comecei a notar que as mulheres que ficavam em casa sentiam a necessidade de defender sua função de mãe que não trabalha fora.

Como havíamos chegado ao ponto de precisarmos nos defender sobre a decisão de ficar em casa para cuidar de nossos próprios filhos?

Bem, não foi da noite para o dia. Nossa geração é única. Ganhamos dinheiro e construímos carreiras primeiro, depois tivemos filhos. De alguma forma, a sociedade entendeu que as mulheres têm ou não a *escolha* de voltar ao trabalho. A realidade dessa escolha é suspeita. Muitas mães não têm escolha, elas têm de voltar a trabalhar. Outras mães sentem que devem parar de trabalhar, já que o custo do berçário ultrapassa o seu salário. Sem levar em conta a realidade da situação da mãe, a opinião que prevalece é a seguinte: se a mulher fica em casa, ela tem a escolha de trocar o mundo empresarial por algo mais fácil. É difícil para a mãe que não trabalha fora aceitar que as pessoas pensem dessa forma.

A ironia é que nenhuma das mulheres dessa geração escolheu isso. A verdade é que a evolução do "papel" da dona de casa vem ocorrendo há muito tempo. Para ter alguma perspectiva, vamos verificar a história da dona de casa por meio da mídia mais corriqueira de nossa geração: a televisão.

Nossa geração teve as seguintes mulheres da TV como modelos da maternidade:

* Claire Huxtable, do *Cosby Show* – A advogada bem-sucedida, mãe de seis filhos, que parecia conseguir fazer tudo sem a presença de uma babá.

* Elise Keaton, de *Caras & Caretas* – A arquiteta bem-sucedida, mãe de três filhos, que havia "voltado" a trabalhar em determinado ponto, mas que nunca teve de contratar uma faxineira.

* Maggie Seaver, de *Assuntos de família* – A jornalista que conseguia administrar a carreira com o auxílio de seu marido psiquiatra que trabalhava em casa.

Se nossas mães procurassem modelos na TV, o que provavelmente não fizeram, encontrariam os seguintes exemplos:

* June Cleaver, da *Família Sol-Lá-Si-Dó* – A mãe que não trabalha fora.

* Margaret Anderson, de *Papai sabe tudo* – A mãe que não trabalha fora.

É óbvio que a visão da sociedade sobre o que a mulher deve ser capaz de fazer está exemplificada nessas mães da televisão. Que mudança. Como isso aconteceu? Vamos olhar para as pessoas reais para obter orientação – nossas próprias mães e as mães da geração delas.

Muitas das nossas mães ficavam em casa conosco. Se trabalhavam, era meio-período ou depois que o filho mais novo entrasse na escola. Se terminaram a faculdade, não tiveram tempo de usar o diploma antes de começar uma família. Muitas ficaram grávidas logo após se casarem. Elas ficavam em casa com seus filhos, pois era isso o que se esperava delas. O que essas mulheres achavam do papel de dona de casa? Betty Friedan, em seu livro *A mística feminina*, publicado em 1963, descreve o sentimento da seguinte forma:

> *[Era] um movimento estranho, um senso de insatisfação, uma ansiedade que as mulheres sentiam bem no meio do século XX nos Estados Unidos. Ao arrumar as camas, ir ao supermercado, decorar a casa, comer sanduíches de pasta de amendoim, ser motorista dos escoteiros e se deitar ao lado do marido à noite, ela tinha medo até mesmo de se perguntar em silêncio – "É só isso?"*[3]

Não parece que nossas mães estavam se divertindo muito, parece? Não que Friedan estivesse falando por toda mulher norte-americana, mas chamou a atenção de muitas mulheres para motivá-las a se unirem e mudarem as coisas para si e em seguida para suas filhas.

E assim, na minha opinião, temos de agradecer à geração de mulheres anterior por garantirem que tenhamos "escolhas". A igualdade de direitos que as mulheres da nossa geração admitem como certa (tanto que mal pensamos nisso) veio de uma árdua luta. Ideias como entrar na faculdade, o direito de praticar esportes femininos no Ensino Médio ou na faculdade, o direito de concorrer a vagas de emprego sem discriminação baseada em gênero e a igualdade de salários para cargos similares não aconteciam de maneira ampla na geração de nossas mães. Deveríamos ser gratas.

Prometo que é fácil!

Converse com seu bebê conforme forem passando o dia juntos. Não há razão para não falar como bebê. É claro que a desvantagem é que você pode estar criando uma criança que nunca mais pare de falar. Mas o impacto para o desenvolvimento da fala e do vocabulário é só positivo.

As mulheres da geração anterior, que lutaram bravamente por esses direitos, tinham um desejo para as mulheres que viriam depois delas, particularmente o de ter escolhas para o futuro. Alcançar esse sonho significaria que suas filhas iriam para a faculdade se assim escolhessem. As oportunidades (quer escolhamos aceitá-las, quer não) estão aí para nós. Entrar no mercado de trabalho em qualquer área que desejarmos concorrer também está aí para nós. Verdadeiramente surpreendente!

As mulheres que acham que devem justificar sua função de ser uma mãe dona de casa ou uma mãe que trabalha fora precisam olhar para a nossa lição de história para entender. Simplificando: as mulheres fizeram o que tinham de fazer; devemos satisfação a ninguém senão a nós mesmas. Abraçamos as oportunidades e obtivemos sucesso nas experiências que as escolhas nos ofereceram.

Tenha algumas coisas em mente quando sentir que os outros estão julgando você:

A única opinião que importa na decisão de ficar em casa ou continuar trabalhando é a sua, pois é você quem vai ter de viver com ela. Se o que você está fazendo a deixa feliz, é tudo o que você precisa. Não é preciso o barômetro do outro. Essa é uma importante lição da vida na jornada da criação dos filhos. Não se importe com a opinião dos outros.

A maioria das pessoas na sociedade que comenta sobre as mães que não trabalham fora é ignorante. Não digo ignorante no mau sentido, digo no sentido literal. Qualquer pessoa que não tenha ficado em casa com seus filhos não sabe o quanto é difícil. Não dá para saber o que é até realmente passar por isso, certo? Tente não levar os comentários a sério. Algum dia, as mulheres que comentam poderão passar pela sua situação e irão se amaldiçoar por terem dito algo tão insensível. Então, deixe entrar por um ouvido e sair pelo outro e diga a si mesma: "Um dia elas verão".

* A decisão de ficar em casa ou trabalhar não é uma decisão de tudo ou nada. Se você quer parar de trabalhar por um tempo, trabalhe meio-período, ou pare de trabalhar de vez. Lembre-se de que você não está presa a uma situação. O que é certo para você até agora pode não ser para sempre.

* Quando ouvir alguém dizer que é fácil ser mãe que não trabalha fora/dona de casa, lembre-se de que a decisão de abandonar a carreira nunca é fácil de ser tomada. O que muitas mulheres sentem quando deixam de trabalhar o dia todo para cuidar dos filhos é *alívio*. Não por terem escolhido o caminho mais fácil, mas porque passaram a ter uma só função em vez de duas.

* O mais importante: lembre-se, se você escolher ficar em casa por um tempo, não estará "desperdiçando" seus estudos ou sua experiência de vida, mas celebrando o que as mulheres que vieram antes de nós queriam desesperadamente para nós – a escolha!

Questão 3: Você tem tanta sorte!

Sei que já ouviu essa. Como não? Está em todo lugar. O sentimento de que você tem tanta sorte de estar em casa é mais difundido que a vida da Britney Spears!*

Você não acredita em mim? Faça uma experiência. Pergunte a qualquer mãe recente que esteja em casa com seu bebê como ela se sente por estar em casa e a primeira coisa que sairá da sua boca é: – Sinto que tenho muita sorte em poder ficar em casa com meu filho.

E a mãe recente realmente se sente assim. Você tem um bebê saudável e está em casa cuidando dele. A questão é que depois de meses ou anos ouvindo como você tem sorte, o ressentimento começa a crescer. Ou para dizer de uma forma mais franca: – Se mais alguém disser como tenho sorte, vou dar um soco nele!

Prometo que é fácil!

Conforme seu bebê for crescendo, procure seguir uma rotina simples na hora de dormir. Primeiro um banho, depois uma mamadeira e a leitura de um livro é uma rotina comum de ser estabelecida. Depois, coloque seu bebê na cama sonolento, mas acordado!

Por que você tem ressentimento? É simples. A maternidade é difícil – muito, muito difícil. Fazer esse trabalho 24 horas por dia, sete dias na semana e ouvir constantemente como você tem sorte em fazê-lo diminui sua dedicação em relação a ele. Mães são humanas, afinal de contas. Que ser humano quer se dedicar tanto a uma tarefa que não dá retorno? Nenhum. Mas, como Ann Crittenden ressalta em seu livro *The price of motherhood:* "Seu trabalho em prol dos outros membros da família é um trabalho de amor, e todos nós sabemos que amor é a sua própria recompensa".[4] Então, como é que fica a mãe de primeira viagem que decidiu ou talvez decida ficar em casa com o

* Britney Spears é uma polêmica cantora estadunidense. (N. da T.)

bebê? Bem, frequentemente ela fica frustrada e sozinha.

Creio que há formas de mudar esse sentimento de "sorte". Mudar a retórica da "sorte" pode ser um começo. As palavras têm poder. Se alguém perguntar para você se gosta de ficar em casa com seu recém-nascido, por que você não responde com um velho jargão do exército? "É o trabalho mais difícil que sempre vou amar!" em vez de "Tenho tanta sorte".

Prometo que é fácil!

Procure pensar nas mães mais perfeitas – especialmente aquelas que fizeram escolhas diferentes das suas. Sua escolha é sua. A dela é dela. Que seja assim.

Culpa: o denominador comum

Já fui uma mãe que trabalha fora (trabalhando período integral fora de casa) e uma mãe que fica em casa.

Minha experiência mostra que o trabalho de ficar em casa é definitivamente mais difícil do que o de trabalhar tempo integral fora dela. Ser completamente responsável por outro ser humano (ou seres) ao mesmo tempo que se tenta fazer o serviço doméstico é um trabalho interminável, frustrante, que arrebenta as costas. Simplesmente não pode ser comparado ao trabalho em um escritório no qual você, na verdade, pode se concentrar em uma coisa ao mesmo tempo que saboreia uma xícara de café feitinho na hora (por outra pessoa).

Por outro lado, a mãe que trabalha fora tem dificuldades, pois, na verdade, tem *dois* trabalhos. Ela tem de acordar e levar as crianças para a escola, buscar as crianças na escola, preparar o jantar, dar banho nas crianças e fazer tudo o que a mãe que não trabalha fora consegue fazer durante o dia. Eu gosto de analisar essa situação da seguinte forma: a mãe que fica em casa divide a sua energia durante o dia todo – se tiver sorte. (Opa! Usei minha própria palavra feia.) A mãe que trabalha fora tem de canalizar força total da hora em que acorda até a hora que vai dormir. Ela tem de ficar "ligada" o dia todo.

Prometo que é fácil!

Quando você e seu marido voltarem a ter uma vida sexual depois do nascimento do bebê, não se esqueça de usar método contraceptivo. Lembre-se de que é possível ficar grávida antes da próxima menstruação!

Ao passo que mentalmente a mãe que não trabalha fora fica desgastada por ouvir um milhão de vezes por dia a palavra "Mãe, mãe, mãe, mãe" enquanto tenta concluir ao menos *uma* tarefa, a mãe que trabalha fora sente que está sendo empurrada para uma dúzia de direções diferentes. É bem provável que ela tenha tarefas do trabalho para terminar em casa, serviço doméstico para fazer e filhos para alimentar. Ela acha que não faz nada direito. Tem de fazer malabarismo com babás, lição de casa, consultas médicas, serviço doméstico e trabalho do escritório. A mãe que não trabalha fora não sente a pressão do trabalho externo, mas sente a pressão de saber que ficou em casa o dia todo e não conseguiu fazer nada, que sua experiência profissional está diminuindo a cada dia e que sua aposentadoria está crescendo na faixa de 0%.

O que os dois tipos de mãe têm em comum é a culpa que ambas sentem. A mãe que trabalha fora se sente culpada porque ela não está em casa com seu filho *e* porque não pode fazer hora extra no trabalho. A mãe que fica em casa se sente culpada porque ela, também, acha que não está passando tempo suficiente com os filhos, pois ela está muito ocupada preparando refeições, limpando a sujeira das refeições, lavando a roupa, limpando banheiros, ajudando com a lição de casa e indo ao supermercado – *e* ainda não está contribuindo com as finanças da família. Não é irônico? A mãe que trabalha fora acha que a mãe que fica em casa tem tudo, pois ela pode ficar mais tempo com as crianças em casa, enquanto a mãe que fica em casa se sente culpada exatamente pela mesma razão – ela acha que não está passando tempo suficiente com seus filhos.

A mãe que trabalha fora pode achar que a mãe que fica em casa tem sorte porque ela pode limpar a casa durante o dia. Na verdade, enquanto a mãe que trabalha fora leva seus filhos para a escola e deixa a casa do jeito que está, a mãe que fica em casa está o tempo todo atrás dos filhos para limpar a bagunça feita durante todo o tempo em que fica em casa com eles.

A mãe que fica em casa pode pensar que a mãe que trabalha fora tem tudo porque ela não tem de gastar seu suor o dia todo cuidando das crianças. De fato, a mãe que trabalha fora tem de correr para casa, depois de lidar o dia todo com os colegas de trabalho, para lidar com as crianças das 17 às 20 horas, o que todas nós sabemos são as horas mais longas e mais estressantes do dia. Ambas as mães sentem a culpa de "nada-de-sexo-com-o-marido", pois as duas estão cansadas demais por trabalharem o dia todo.

Você já deve estar percebendo que eu não respondi realmente à pergunta, e você está certa: a resposta para a pergunta é que não há resposta. É difícil para as duas. Não é mais fácil para uma do que para a outra. Na verdade, é interessante notar o quanto a mãe que fica em casa e a mãe que trabalha fora têm em comum mais do que diferem.

Gostaria de me ater um pouco a esse conceito. A mãe que trabalha fora e a mãe que fica em casa têm mais semelhanças do que diferenças. As duas têm empregos, as duas estão exaustas, as duas trabalham muito, as duas se sentem culpadas por não serem boas o suficiente e as duas estão tentando descobrir o caminho mais fácil. Minha esperança sincera é que, no futuro, as duas comecem a focar nas preocupações que têm em comum. Estou convencida de que, com esse foco, as soluções fluirão para todas as mães.

Seja honesta consigo mesma

Mudar a retórica do tópico "mãe que trabalha fora *versus* mãe que fica em casa" é crucial. O próximo passo é falar com outras mulheres. Com o diálogo vem o discernimento, a empatia e talvez até a mudança.

É tão importante entender as razões por detrás da escolha de trabalhar fora de casa ou de ficar em casa, e ser honesta sobre ela. Pode ser até mais importante perceber que você sempre tem uma escolha. Esse é o desejo verdadeiro das nossas mães: fazer o que verdadeiramente acreditamos é nossa missão na vida sem preconceito ou arrependimento!

Resumo

Tornar-se mãe é uma daquelas experiências que já foram descritas em comédias, filmes e livros de geração para geração. Cada geração de mães tem uma "visão" diferente da experiência. Para a nossa geração de mulheres, o sentimento predominante é o de que ser mãe é uma honra e, supostamente, algo que completa a mulher. Além disso, a oportunidade de a mulher ficar em casa para criar seus filhos deve ser particularmente apreciada. Qualquer que seja a mãe – a que fica em casa, a que está nas trincheiras, a que trabalha fora –, o denominador comum é que tal sentimento pode causar grande frustração. Isso ocorre porque, na mente das outras pessoas, o trabalho duro fica ofuscado pelo que parece ser o maior presente de todos: "ser a mãe que não trabalha fora". Lutar contra esse sentimento parecer tão ingrato, contudo a falta de ajuda, respeito ou alegria que sentimos nesse papel torna a luta imperativa. Mude seu diálogo, peça ajuda quando precisar, converse com seu cônjuge ou companheiro sobre os sacrifícios que está fazendo e, o mais importante, seja honesta com você mesma em suas escolhas.

Capítulo 12

O emprego mais frustrante do planeta

Bem, vimos um pouco da história moderna da vida doméstica, mas não entramos nos detalhes desse tipo de serviço. Se isso parece um pouco tolo para você ou se pensa que não está relacionado porque você trabalha fora em tempo integral, talvez deva considerar o seguinte: "Descobriu-se que a diferença entre o trabalho doméstico dos maridos cujas esposas estão empregadas e dos maridos com esposas desempregadas é de exatamente dez minutos por dia".[1] De qualquer forma, é você quem faz o serviço doméstico ou paga alguém para fazê-lo. E se você está fazendo qualquer tipo de serviço doméstico, então dicas para diminuir sua carga de trabalho são sempre bem-vindas.

A adaptação

Ficar em casa, seja logo no começo da maternidade ou mais para frente, é uma adaptação. Não uma adaptação somente sua, mas de toda família, principalmente do seu marido. Se você decidiu ficar em casa com o bebê, é provável que haja um certo período de adaptação para você *e* para o seu marido. Alguns maridos parecem achar que a esposa que não trabalha fora irá, como que por magia, receber os atributos da Cinderela, Mary Poppins, Julia Child e Scarlett Johansson.

> Prometo que é fácil!
>
> **Nunca é cedo demais para começar a ler para seu bebê. Livros de papelão são mais resistentes e possuem textos mais curtos. Escolha os que têm rima e canções para seu filho ou aqueles cujo foco está nas imagens vívidas.**

Em suma, suas expectativas podem ser de que a casa esteja sempre limpa, as crianças vistam sempre roupas bem passadas, estejam entretidas, estimuladas e bem-comportadas; haverá refeições caseiras bem elaboradas todas as noites e você vai servi-los vestindo seu colã vermelho (tudo bem, talvez não o colã vermelho, mas não seria uma má ideia usá-lo no momento apropriado).

Pergunte a qualquer marido se ele se sente assim e ele vai mentir. Muitos não vão admitir. Eles sabem a resposta politicamente correta, mas nos cantos silenciosos da mente têm uma certa expectativa em relação a quanto será maravilhoso ter uma esposa que fique em casa. Tal expectativa é por si só uma incógnita. Estamos falando do mesmo homem que sempre dividiu todas as tarefas quando vocês acabaram de se casar e fez isso sem problema algum quando você trabalhava em período integral. O que mudou? As expectativas.

Você não está mais trabalhando, então, na cabeça dele, agora você tem mais tempo para cuidar de todas essas outras funções, além de cuidar do recém-nascido. Mesmo sabendo como é difícil cuidar de um recém-nascido, pois ele mora com você, pode ser que ele ainda espere essas outras vantagens. Quando você pergunta a ele por que subitamente espera que todas essas outras coisas sejam feitas, pode ser que ele responda o seguinte – segure-se: – Por que é o seu trabalho! – ah, que infame é esse comentário. O horrível dessa revelação é que a mesma coisa pode estar passando pela sua cabeça. Apesar de nunca admitir isso em voz alta, você pode estar pensando: *"Não é esse o meu trabalho agora? Por que não consigo fazer tudo?"*.

Depois de algumas semanas, você tentará explicar que cuidar do bebê demanda muito do seu tempo e você acaba não tendo tempo para muito mais. Não vai adiantar nada. Ele foi invadido por uma onda de sentimento da sociedade que o afastou da margem doméstica. Tenha em mente que os colegas de trabalho estão batendo nas costas dele, parabenizando-o por permitir que sua esposa fique em casa com o bebê. Ele ouve isso todos os dias. Foi feita uma lavagem cerebral e ele está confuso.

Vamos analisar os fatos. Você não traz mais nenhum dinheiro para casa. Você fica em casa o dia todo. Era isso o que você queria, ficar em casa para criar seu filho. Do ponto de vista dele, ele tem de receber algo em troca. Mas a realidade é que, em vez de facilitar a vida dele, as coisas vão ficar mais difíceis na verdade. Ele ainda terá de dividir o trabalho doméstico. O dinheiro é menor. *Agora* ele é o único provedor financeiro do lar. E ele tem de voltar para casa para encontrar sua esposa, que acabou de dar à luz, segurando um bebê aos berros no colo assim que passa pela porta. Acrescente a isso toda a pressão da sociedade que ele deve sentir para se conectar afetivamente ao seu filho e ser solidário com sua esposa – e nem pense em falar sobre sexo, seu idiota insensível. Qual é exatamente a parte dele nesse acordo?

Os pais de primeira viagem precisam cair aos poucos na realidade da nova situação. É uma situação difícil. As mulheres mais bem-sucedidas nisso são as que envolvem os maridos num processo de uma etapa de cada vez. Ajude-o a entender compartilhando com ele as seguintes informações:

* Um de nós ficar em casa para cuidar das crianças foi um decisão consciente que tomamos porque pensamos no valor que isso terá para o futuro das crianças e para o nosso casamento.

* Estamos prontos para fazer alguns sacrifícios para poder atingir esses objetivos.

> **Prometo que é fácil!**
>
> **Como mãe, você é tão feliz quanto seu filho mais triste.**

* Os sacrifícios talvez incluam não ter uma casa perfeitamente limpa o tempo todo e não ter refeições elaboradas todas as noites. (Isso serve tanto para homens quanto para mulheres. Conheço mulheres que transferiram essa expectativa de "uma casa perfeitamente limpa" para seus maridos por se sentirem cansadas demais, culpando-os por isso. Lembre-se de que ele também está cansado!)

* Ver que nosso bebê está seguro e alimentado na cama dele todas as noites é o que nos faz crer que nosso trabalho foi cumprido.

* Vamos tentar ter consideração pelas necessidades um do outro durante esse tempo e não colocar uma pressão adicional um sobre o outro. Isso inclui retomar uma vida sexual com cuidados contraceptivos quando for apropriado.

Educar seu cônjuge sobre as realidades do mundo "doméstico" é a sua primeira missão, e essa missão deve continuar a se cumprir a cada dia.

Os detalhes da função

Assim que você se sentir mais confortável com a função de mãe, terá de encarar a realidade do trabalho doméstico. Hesito em até mesmo escrever sobre isso. Como falo sobre isso sem ficar parecida com a *Miss Manners*[*] da atualidade? Denigro a imagem da bem-sucedida

[*] Judith Martin nasceu em 13 de setembro de 1938. Mais conhecida por seu pseudônimo *Miss Manners*, é jornalista, escritora e uma autoridade em termos de etiqueta. (N. da T.)

mulher estadunidense sugerindo que precisa aprender um pouco sobre serviço doméstico? De jeito nenhum! Estou sugerindo que há uma necessidade de retorno das aulas de economia doméstica que desprezamos pela física avançada na escola de tecnologia lá no Ensino Médio? De forma alguma!

Prometo que é fácil!

No meu bairro, paga-se por volta de 80 dólares para uma faxineira. Se você a chama de quinze em quinze dias (tudo bem, é isso o que eu faço), são 40 dólares por semana. É o equivalente a um jantar para dois. Vale a pena, não acha?

Contudo, percebo que não faz bem para ninguém fingir que o serviço de casa e a limpeza não representam uma das questões das mulheres. O fato é que limpar, lavar roupa e ir ao supermercado são coisas que têm de ser feitas. Algumas almas mais afortunadas pagam para alguém cumprir algumas dessas tarefas, mas a maioria das famílias neste país limpa a sua própria casa e prepara sua comida. É um fato da vida e, depois que você tem filhos, essa tarefa se torna ainda mais desafiadora. Meu melhor conselho é que se crie um plano que permita que você gaste o menor tempo possível com isso.

Falando sério, nossas mães nos criaram para sermos independentes, para irmos à escola, para estudarmos, para termos uma carreira. Estávamos ocupadas demais envolvidas com atividades, esportes e faculdade para observar e aprender com as nossas mães a ser uma dona de casa. Mesmo assim, era só isso que precisávamos para saber como cuidar de nossas famílias. Como vamos fazer se nunca aprendemos? Por que você acha que há programas de TV como o *Sua casa*?* Porque nós nunca aprendemos como cuidar do serviço doméstico e criar nossos filhos ao mesmo tempo!

* Programa de TV exibido pelo canal Discovery Home and Health que ensina como organizar a sua casa. (N. da T.)

A primeira regra do serviço doméstico, e também a mais útil, é a arte de recolher. No decorrer dos anos, conheci mulheres que pareciam ter a casa perpetuamente limpa. Chegou uma hora em que tive de lhes perguntar como faziam, e elas revelaram o segredo. O segredo é que suas casas não estão sempre limpas. O fato de a casa parecer sempre limpa é só uma ilusão. Eu sabia. É impossível fazer esse trabalho sem o uso da magia. A magia ocorre com a arte de recolher.

Prometo que é fácil!

Diminua suas expectativas se for preciso. Nenhuma mãe pode fazer tudo perfeitamente. Nenhuma casa pode estar sempre limpa.

Bem simples: se você mantiver tudo recolhido na casa o tempo todo, ela vai parecer limpa mesmo se não estiver. O bônus adicional da casa com os itens recolhidos é que, quando você finalmente tiver tempo para limpar alguma coisa, você poderá ir direto ao trabalho, sem ter de passar horas recolhendo a bagunça primeiro! Recolher também é sempre o melhor lugar para começar. Comece a tirar as coisas do caminho. Quanto mais organizado o local estiver, mais clara fica a sua mente e você se sente pronta para cuidar das tarefas de que precisa.

Ato de circo

Dizem que tudo muda depois do bebê. "Quem" diz está certo. Até mesmo as tarefas mais simples parecem um feito homérico – um ato de malabarismo, na verdade. O truque para fazer as coisas com um recém-nascido é começar a olhar para o processo de uma outra forma. Em vez de ter grandes períodos para executar as tarefas, tenha pequenos períodos. Você tem de aprender a separar as tarefas.

Em vez de limpar a cozinha toda, pode ser que você só tenha cinco minutos para esvaziar a máquina de lavar louças. Em vez de limpar o banheiro todo, pode ser que tenha somente a chance de esfregar o vaso. Isso pode ser uma adaptação difícil, especialmente se você estiver acostumada a limpar tudo de uma vez só. Lembro-me de um casal em um bairro que morei. Eles adoravam manter a casa impecável e sexta-feira era a noite da faxina. Compravam cerveja (antes dos filhos, é claro) e limpavam a casa de cima a baixo toda sexta-feira à noite. Depois do nascimento do primeiro filho, isso nunca mais aconteceu.

Pode ser útil dividir a tarefa em várias etapas menores às quais você possa retornar durante o dia. Por exemplo, se você sempre separou a roupa para lavar em cestos, você já eliminou a etapa de separação da roupa na hora de lavá-la. Ser capaz de fazer um pouco de trabalho de cada vez é uma tarefa valiosa. Quando meu primeiro filho nasceu, lembro-me de perguntar à minha vizinha, uma mãe veterana de quatro filhos: – Como vou fazer as coisas com esse bebê precisando de mim o tempo todo? Ela notou que o bebê estava brincando feliz no chão, olhando para seus brinquedos, e disse: – Assim. Você tem cinco minutos antes de ele começar a chorar para esvaziar a máquina de lavar louça – e eu pensei – *Uau! Cinco minutos inteiros!* – acostume-se com isso. Eu me acostumei. Agora eu divido as tarefas de modo a conseguir fazer pelo menos quatro ou cinco coisas de uma vez, como a maioria das mães que conheço faz. A divisão de tarefas é algo real!

Mesmo dividindo as tarefas, pode ser que você ache que ainda está tendo dificuldades para fazer as coisas. Algumas pessoas acham que ter alguém para limpar a casa pelo menos duas vezes por mês é uma imensa ajuda. Pode ser um grande alívio saber que pelo menos duas vezes por mês os vasos e os banheiros vão ficar limpos de verdade. É claro que não é fácil ter condições de arcar com essa despesa. Além do mais, uma faxineira pode não ser a resposta às suas orações como você pensava. Todas as atividades diárias de manutenção devem continuar a ser feitas. Então, cuidado! Não contrate alguém achando que sua casa ficará impecável o tempo todo. Lembre-se: a faxineira não vai recolher as coisas, lavar a roupa, guardar as roupas, fazer supermercado, cozinhar ou pagar as contas. (Ah! Se tivéssemos uma

Alice como a da Família Sol-Lá-Si--Dó!) Se você entender que a função da faxineira é pelo menos duas vezes por mês limpar os banheiros e fazer uma faxina completa, tirando o pó e limpando o chão, ótimo! Contrate uma! Contudo, a maioria das famílias considera essa despesa proibitiva ou prefere gastar com outras coisas. Uma ideia seria contratar alguém assim temporariamente, por exemplo, nos primeiros meses depois do nascimento do bebê.

Prometo que é fácil!

Se você estiver exausta, não se esqueça de tirar uma soneca sempre que possível. A limpeza da casa e da roupa pode esperar. Em geral, as compras de supermercado também.

Dicas de limpeza esporádica

Além das tarefas de recolher as coisas, tenho mais algumas dicas rápidas e difíceis que aprendi no decorrer dos anos. Aceite-as como pequenos conselhos de amiga de alguém que está na lida há algum tempo.

* Se tiver tempo, faça. Pode ser que não tenha tempo mais tarde. Lavar as panelas e os pratos é um ótimo exemplo. Com que frequência você diz a si mesma que vai fazer amanhã e quando o amanhã chega você tem algo mais importante para fazer?

* Faça o máximo que puder na noite anterior – pratos, mamadeiras, estoque de fraldas e assim por diante. Nunca deixe para amanhã o que você pode fazer hoje! Agora eu sei que já ouvi isso antes. Ah, é, o bom e velho Ben Franklin!
* Quando tiver de tomar uma decisão sobre o que guardar e o que jogar fora, pense se o item é usado no momento atual da sua vida. Se não for usado ou nem olha para ele nesse momento, jogue fora. Não guarde coisas porque pensa que poderá

usá-las algum dia. Se você realmente precisar delas, compre-as novamente. Não vale a pena amontoar as coisas só para talvez economizar algum dinheiro – e isso supondo que você vai mesmo encontrar novamente esse objeto quando precisar dele.

* Dizem que as ferramentas fazem o homem – ou a mulher, no caso. Invista num bom balde, em boas toalhas de papel (não nas do tipo que se desmancham quando ficam molhadas), num espanador de bom tamanho, numa vassoura decente.

* Sempre comece o quarto com a arrumação da cama. Quando a cama estiver arrumada, você sentirá que fez algum progresso!

* *Sempre* limpe a cozinha antes de dormir. É bem menos estressante do que limpar a cozinha pela manhã. Começar o dia limpando a sujeira do dia anterior é tão deprimente.

Banheiro

Tente limpar os banheiros uma vez por semana. Concentrando-se bem na tarefa, você a cumprirá em quinze minutos em vez de uma hora. Veja como fazer rapidamente:

* Varra.
* Use papel toalha para limpar o espelho.
* Espirre desinfetante no vaso e na pia e sobre a bancada e use a ducha higiênica dentro do vaso.
* Limpe o vaso com papel toalha e esfregue a parte de dentro da tampa com uma escova.
* Limpe a bancada e a pia. Passe o papel toalha molhado, depois seco e pronto!
* Use o papel toalha usado para limpar a pia e o chão ao redor do vaso.

* Para limpar o chão a cada duas semanas, pegue uma toalha velha, afunde-a na água da banheira com sabão para ensopá-la.
* Enrole a toalha num rodo e esfregue o chão.
* Seque o chão com uma outra toalha velha.
* Quando terminar, jogue as toalhas na lavanderia para lavá-las.

Tarefas estranhas

A maternidade e o serviço doméstico englobam tarefas estranhas! Seguem dicas para algumas delas:

* *Tenha uma lista de supermercado padrão com os itens que você compra semanalmente.* Minha mãe costumava manter sua lista básica no computador – pão, leite, manteiga, ovos e assim por diante. Ela imprimia uma nova lista a cada semana e acrescentava itens para a semana seguinte, o que eliminava a chatice de escrever os mesmos itens toda semana.

* *Escreva uma lista de supermercado de acordo com a ordem dos corredores do supermercado.* Isso realmente diminui o tempo no supermercado. Uma outra ideia é colocar os itens comprados no carrinho na ordem em que serão guardados em casa (junte os congelados, as carnes e os itens de geladeira, enlatados e assim por diante). A solução é economizar todo o tempo que puder.

* *Para o jantar, o segredo é preparar o tipo de jantar que dure pelo menos duas noites.* Aí, faça sanduíches num dia e peça *pizza* no outro e a semana já passou.
* Agora, algumas ideias de coisas que podem durar duas noites.

* *Asse peito de peru ou lagarto com legumes.* Os dois servem como ótimas sobras; acrescente biscoitos ao jantar da segunda

noite ou simplesmente faça sanduíche de peito de peru ou lagarto.

Prometo que é fácil!

Lembre-se de que tudo é uma fase. Isso torna a vida com o bebê tão mais apreciável. Saboreie os bons momentos e lembre a si mesma que os maus momentos passam.

* *Cozinhe bastante carne moída.* Use metade em uma noite para um espaguete com molho de tomate e a outra metade para preparar *tacos* em outra noite. Lembre-se de que carne moída pode ser congelada e usada mais tarde.

* *Cozinhe um pacote inteiro de peito de frango.* Use metade com legumes e salada em uma noite, e a outra metade com queijo e molho picante para uma *pizza* (em um disco de *pizza* pronto, claro).

* *As mães mais experientes juram que a melhor maneira de lidar com a roupa é aos poucos.* Tenho apenas *um* cesto de roupa no *closet* do meu quarto com três compartimentos.

* *Use cestos – e muitos deles.* Organização – ou a falta dela – é um problema comum entre as famílias. Compre cestos grandes para colocar debaixo das pias para evitar que as coisas fiquem caindo.

Rotina para a mamãe?

Pode ser que você conheça algumas mulheres que gostam de seguir uma rotina diária. Adoro seguir uma rotina com meus filhos, mas para mim? Não muito. Acho que nunca entraria no ritmo. Você sabe do que estou falando. Lavar roupa na segunda, mercado na terça, passar aspirador de pó na quarta e assim por diante. Contudo, muitas mulheres consideram seguir uma rotina algo útil. Vamos dar uma olhada em uma rotina que a amiga da minha mãe seguia nos anos 1960.

6:00 – 6:30	Acordar e lavar o rosto.
6:30 – 7:00	Acordar as crianças, preparar café da manhã.
7:00 – 7:15	Tomar café da manhã.
7:15 – 7:30	Trocar de roupa.
7:30 – 8:30	Levar o papai para a estação de trem.
8:30 – 12:30	Voltar para casa, fazer coisas importantes pelo caminho (se necessário), limpar a cozinha, arrumar a cama, lavar a roupa e os banheiros (todo dia), preparar o jantar (para esquentar mais tarde).
12:30 – 13:00	Almoçar.
13:00 – 15:00	Costurar (roupas/cortinas/toalhas de mesa/etc.), passar roupa ou fazer serviço voluntário na escola.
15:00 – 15:30	Fazer exercícios.
15:30 – 16:00	Tirar uma soneca.
16:00 – 16:30	Tomar banho e trocar de roupa.
16:30 – 17:00	Servir o jantar.
17:30 – 18:00	Buscar o papai na estação de trem.
18:30 – 22:00	Servir o jantar do papai, entreter o papai, ler o jornal ou livros, rezar o terço.

Obviamente, os filhos dessa mãe já estavam na escola a essa altura, mas mesmo assim é muito interessante. A rotina da mãe de hoje seria algo assim:

7:00 – 7:15	Acordar, escovar os dentes.
7:15 – 8:30	Aprontar as crianças para escola, encorajá-las a prepararem seu próprio café da manhã e arrumarem suas lancheiras para a escola, levar as crianças para escola.
9:00 – 10:30	Fazer exercícios na ACM.
10:30 – 11:00	Tomar banho.
11:00 – 12:00	Lavar um pouco de roupa, dar alguns telefonemas, fazer compras no supermercado.
12:00 – 12:30	Almoçar.
12:30 – 14:30	Pagar contas, colocar os *e-mails* em dia, comprar pela Internet, continuar lavando roupa, colocar todas as datas de eventos escolares, passeios e festas na agenda do Palm.
14:30 – 17:00	Buscar as crianças, ajudar com a lição de casa, levá-las para suas atividades, buscá-las das atividades.
17:00 – 19:00	Decidir o que fazer para o jantar (pedir ou preparar algo), comer.
19:00 – 20:00	Banhos das crianças e cama.
20:00 – 22:00	Assistir TV com o marido até dormir.

A diferença mais evidente entre a rotina da mãe dos anos 1960 e a da mãe de hoje é a "rotina" dos filhos. A mãe dos anos 1960 não ficava para lá e para cá. Ela também não se envolvia com a lição de casa dos filhos. E essa é a rotina da mãe que "fica em casa". Essencialmente, a mãe de hoje que "fica em casa" tem por volta de duas horas e meia por dia – a menos que faça serviço voluntário na escola ou um de seus filhos esteja doente ou alguém tenha uma consulta médica – para fazer todas as coisas da casa. E a mãe que trabalha? Como ela faz? O serviço doméstico é uma questão difícil para todas as mulheres. Uma "rotina" pode ou não ser a solução.

Prometo que é fácil!

Meu melhor prato rápido: peito de frango cozido em cubinhos, salsicha cozida picada e macarrão com molho pesto ou molho ao sugo. Hum!

Mamãe sempre disse

Quando se trata de serviço doméstico, uma parte importante da equação da mãe de primeira viagem, apenas se lembre do que sua mãe lhe disse: seu trabalho antes de tudo é manter a segurança e o bem-estar dos seus filhos. O serviço doméstico é secundário e haverá dias em que você não dará conta dele. Se você se concentrar em manter os banheiros e a cozinha limpos, tudo bem. Encontrar tempo para limpar os banheiros e a cozinha faz parte de manter um ambiente seguro para suas crianças. O resto pode esperar. E esperar e esperar.

Resumo

"Dona de casa" é um termo pejorativo, não é? Não importa como chamar – engenheira doméstica, chefe do serviço doméstico, do lar –, o serviço é sempre o mesmo. Essencialmente, somos os chefes de cozinha e as lavadoras de mamadeira. Espero que este capítulo tenha dado a você algumas ideias de como facilitar seu trabalho, ou melhor, reduzir a quantidade de tempo que você tem para realizá-lo. Mais importante ainda, espero que a leitura deste capítulo coloque um sorriso no seu rosto e lhe dê forças para conquistar um novo dia.

Capítulo 13

Você me completa?

Você alguma vez já se perguntou por que às vezes sente que sua vida não é tão completa como pensou que seria depois de se tornar mãe? Bem, Abraham Maslow teria algo a dizer sobre isso. Maslow, um campeão da psicologia humanística do século XX, desenvolveu uma ideia de que cada pessoa está numa jornada para a autorrealização (ou realização). Por sua vez, ele acreditava existir uma hierarquia de necessidades que deveriam ser atendidas para se alcançar essa autorrealização. Maslow disse que aqueles que não atingiem essa autorrealização sentem que lhes falta alguma coisa, que não estão completos. A hierarquia das necessidades agora não é somente usada em psicologia, como também em princípios e técnicas de gerenciamento.

Creio que a teoria de Maslow sobre autorrealização explica a fundo por que a mãe que não trabalha fora pode se sentir deprimida ou que sua vida, de alguma forma, esteja incompleta. Esse sentimento é exacerbado pela visão da sociedade sobre o quanto essa mulher deveria sentir que tem "sorte" por ficar em casa com seus filhos. Analisar a teoria de Maslow e aplicar suas descobertas em sua própria vida pode ajudá-la a entender seus sentimentos e a encontrar seu próprio caminho para a autorrealização e a felicidade.[1]

Prometo que é fácil!

Se você está se sentindo insatisfeita em casa, mas não tem planos de voltar a trabalhar a curto prazo, pense em fazer algum curso de extensão. É uma ótima oportunidade de encontrar pessoas, sair de casa e aprender algo novo. Em seu bairro deve haver faculdades que ofereçam vários cursos interessantes.

De acordo com Maslow, se suas necessidades estão sendo atendidas (e a forma como estão sendo atendidas), isso pode explicar muito o seu comportamento e até mesmo a sua felicidade. A hierarquia das necessidades de Maslow se parece com uma pirâmide. As necessidades que ficam mais embaixo são as básicas – oxigênio, comida e água. O nível seguinte engloba necessidades de segurança; o terceiro nível é social e inclui amor, afeição e senso de pertença; o quarto nível fala das necessidades de estima; e o quinto nível é o de autorrealização e de realização.[2]

Quando as necessidades da base da pirâmide são atendidas, ou seja, as básicas, então as necessidades do topo da pirâmide precisam ser atendidas para a pessoa ser feliz. Em outras palavras, quando nossas barrigas estão satisfeitas, procuramos conforto; quando temos conforto, procuramos aceitação; quando procuramos aceitação, procuramos autorrealização, ou "significado para nossas vidas". Como estamos contribuindo para o mundo? Estamos alcançando nosso potencial máximo? Se não estivermos, não nos sentimos felizes. É aceitável que se estivermos com fome, temos pouco a pensar além de nossa necessidade básica de comida. Passamos pouco tempo ponderando a respeito do impacto sobre outras pessoas ou sobre o mundo. Algumas pessoas nunca anseiam mais do que o primeiro nível da pirâmide.

O que isso tem a ver com a maternidade? Tudo. Quando seu bebê nasce, seu instinto é de sobrevivência. A necessidade de sua sobrevivência e de seu bebê é tudo em que você pode pensar no dia a dia. Vou atender às necessidades do meu bebê hoje? Quando vou dormir de novo? Será que vou conseguir fazer isso hoje? Adaptar-se a ter um ser humano completamente dependente de você é impressionante. As noites e os dias se misturam. Todas as questões que você tinha antes, como decorar a sua casa, planejar férias, trabalhar, ou outros problemas (problemas que talvez você e seus familiares tenham), parecem triviais.

O comediante Dana Carvey costumava brincar dizendo que logo depois que ele e sua esposa tiveram bebê, os amigos telefonavam-lhe dizendo "dormi até o meio-dia e ainda estou cansado". Enquanto isso, Carvey e sua esposa "não dormiam por semanas a fio". Esse é o modo de sobrevivência.

E quando você está nele, todas as outras necessidades que você tem, como sucesso, realização em seus relacionamentos e assim por diante, caem por água abaixo enquanto você coloca o sono em dia e mantém o garotinho vivo. Isso pode durar meses ou anos, dependendo de quantos filhos você tem ou se você decidir ficar em casa com seus filhos.

Tive minha própria experiência com a hierarquia de Maslow. Quando meu filho fez dois anos e eu tinha acabado de deixar meu emprego, não demorou muito para me sentir frustrada em casa. Cuidar do meu filho nunca foi problema. Era tudo o que acompanhava isso que me incomodava. Em abril de 1994, escrevi em meu diário: "Sei que quero estar perto (do meu filho) e que gosto de cuidar dele. O que não gosto é do serviço de casa". É claro que também odiava desistir do salário, da aposentadoria, da segurança, da experiência profissional e da liberdade. Não me agradava saber que a realidade do meu "emprego" era cuidar de um lar – um trabalho não remunerado, sem plano de aposentadoria e sem avaliação. Cozinhar, limpar e cuidar da casa – eca! Lembro-me de pensar: *"Foi isso que me tornei? Vou ser avaliada pela forma como limpo a casa? Lavar três máquinas de roupa em um dia avalia meu sucesso?* Frequentemente tinha de lembrar a mim mesma que era aquilo que eu queria, criar filhos. Por que não estava feliz?

> Prometo que é fácil!
>
> **Reserve algum tempo para seus próprios interesses. Procure contratar uma babá mesmo que por apenas algumas horas por semana para que você possa cuidar do jardim, ler, pintar ou até fazer compras!**

Esses pensamentos me atormentaram por um tempo e depois tive outro filho e não tinha mais tempo para pensar nessas frivolidades. Estava preocupada com a outra criança, com quando dormiria novamente – as necessidades básicas da minha pirâmide. Então, o bebê crescia um pouco e esses pensamentos me assombravam novamente. Quanto mais pensava nisso, mais percebia a verdade: *estou* fazendo o que quero fazer, mas quero fazer outras coisas também. Lembrava-me que, quando estava trabalhando, pensava em todas as coisas que poderia fazer se estivesse em casa. Ficar com meu filho, sim, mas também escrever, fazer ginástica, ler, decorar – todas as coisas que não tinha energia para fazer na hora que chegava do trabalho.

Lembrava-me de toda a culpa que sentia por não estar lá para ver meu filho dar seus primeiros passos, dizer suas primeiras palavras, montar seu primeiro quebra-cabeça. Finalmente percebi que era eu quem tinha o controle. Se quisesse fazer algo, tinha de fazer acontecer.

Percebi que todas as minhas necessidades básicas da pirâmide tinham sido atendidas. Não estava com fome. Meu relacionamento com meu marido atendia minha necessidade de amor. Sentia segurança graças à criação que meus pais me deram. Mas algo estava faltando. Para mim, era a necessidade de criar, expressar minhas opiniões, contribuir com o mundo externo, de me sentir importante. Essas são as minhas necessidades de autorrealização.

Comecei a escrever quando era criança. Guardo meus cadernos desde os nove anos de idade. Também amo ler. Fazer essas coisas faz com que me sinta completa. A questão é dar o primeiro passo para descobrir o que vai ajudá-la a alcançar sua autorrealização. Às vezes você nem sentirá essa necessidade. Tudo bem. Mas, às vezes, você pode não se sentir completa. Nesses momentos, você precisa explorar o que vai ajudá-la a se sentir realizada. Pode ser trabalhar fora, fazer exercícios, ou fazer serviço voluntário na escola ou no sopão do seu bairro.

Se você precisa de algo além da maternidade para se sentir realizada, tudo bem. Por que você não pode ter várias facetas? Seu marido pode ser pai, marido, amigo, executivo, faz-tudo e muito mais. Por que as mães não podem usar tantos chapéus?

Só porque você está submersa na importante tarefa de criar seres humanos não significa que tenha de perder suas necessidades individuais de vista. Esta citação de Martha Graham me inspirou na primeira vez que eu a li:

> *Há vitalidade, uma força vital, uma energia, um despertar que é traduzido a você pela ação: e porque há apenas uma de você o tempo todo, essa expressão é única. Se você bloqueá-la, nunca existirá por nenhum outro meio e será perdida. O mundo não a verá. Você deve manter o canal aberto. Não é você quem determina se é boa ou qual o seu valor, nem a compara a outras expressões. É para que você a mantenha sua, claramente e diretamente.*[3]

Recentemente conheci uma mulher de quarenta e poucos anos num grupo de mães. Ela tinha trabalhado como executiva internacional na área de *marketing* em uma grande empresa, mas assim que teve um filho, decidiu que seu trabalho era ficar em casa e cuidar dele. Ela deixou o emprego e agora estava tentando continuar seu caminho com seu bebê de dezoito meses bem ativo. No grupo de mães, percebi que ela tentava desesperadamente persuadir a criança a entrar em casa para que ela pudesse saborear uma xícara de café. Ela olhou para mim com uma expressão de exaustão e exclamou: – Será que alguém *gosta* mesmo disso? – Não! – disse. – Ninguém gosta disso.

Promoto que é fácil!

Encontrar uma babá é como encontrar um emprego novo. Tem a ver com o poder da comunicação em rede. Pergunte a amigos, familiares, vizinhos, colegas de trabalho e amigos virtuais por alguma referência. Você vai se surpreender com o excelente retorno que terá.

Quem gosta de correr atrás de uma criança de um ano que pode se machucar a qualquer segundo, quando tudo o que você quer é uma simples xícara de café? Guardamos o segredo, disse a ela, porque queremos continuar participando do grupo. O que fazemos como mães é importante. Esperamos que os sacrifícios tenham um impacto positivo no presente e no futuro de nossos filhos. *Como* fazemos isso é o que abre o debate. Disse a ela que, se chateava-se por estar em casa, devia voltar a trabalhar. Se ela estivesse triste, seu filho sentiria sua tristeza. Por que ela deveria desistir da *própria* carreira para ficar em casa? O marido dela não tinha desistido da dele.

Resumo

A questão é: ter um filho não ocasiona uma transformação súbita em você. Se você sempre amou dançar, trabalhar, viajar, você sempre amará. Todos aqueles desejos de se obter sucesso e competir e criar não são eliminados com a placenta! Continue fazendo o que a faz se sentir inteira, encontre um equilíbrio e seu filho responderá. Você não pode mudar quem é na esperança de ser o tipo de mãe que acha que seu filho deveria ter. A mulher de quem falei decidiu voltar ao trabalho com um escopo limitado à sua posição. A última notícia que tive dela é que estava indo bem e trabalhando bastante para alcançar o equilíbrio na vida. Maslow ficaria orgulhoso!

Capítulo 14

A mãe perfeita

Quando as mulheres ficam grávidas pela primeira vez, sempre se perguntam se possuem os instintos adequados para a criação dos filhos no momento em que o bebê nasce. A resposta é sim *e* não. Se ao menos nossos bebês nascessem com instruções, nossas habilidades não seriam falhas. Lembro-me de estar no hospital e pensar: "Essas pessoas são loucas de me deixarem levar esta criança para casa". Eu mal sabia como trocar uma fralda.

Meu marido e eu fizemos um curso de "cuidados com o bebê" que o hospital oferecia, depois que nosso primeiro filho nasceu. Incluía instruções de banho, troca e alimentação. (Observe que fizemos o curso *depois* que o bebê nasceu. Essa procrastinação é um fenômeno comum entre pais de primeira viagem; o termo técnico é negação.) Uma das primeiras coisas que aprendemos nas aulas era que se o bebê não tivesse terminado a mamadeira no período de uma hora, o leite deveria ser jogado fora. Estávamos desesperadamente tentando alimentar nosso bebê com a mesma madeira há três horas. Opa! Não conseguia acreditar que havia cometido um erro crasso tão rapidamente.

Prometo que é fácil!

Transforme em prioridade número 1 a contratação de uma babá que não seja da sua família. A família é sempre maravilhosa em caso de alguma emergência, mas uma boa babá lhe trará a liberdade para poder fazer algo para si mesma.

Erros à parte, a questão de como ser a mãe perfeita para nossos filhos parece assombrar ao máximo nossa geração. Enquanto as mães do passado podem ter refletido sobre isso, as mães da Era da Informação parecem ficar obcecadas com isso. Estamos cercadas de livros, programas de TV, Internet, profissionais e outras mães que criticam e questionam todo nosso "movimento maternal". As sugestões para ser uma boa mãe no século XXI vêm de ensino doméstico até participar de uma aula do estilo Mamãe e Eu para nos ligarmos afetivamente com nossos filhos no útero. Quando a busca para ser a mãe perfeita terminou? Se tivesse uma resposta definitiva para esse enigma, faria uma turnê de palestras, cobrando 100 mil dólares por dia, mais despesas!

Mais do que olhar para as tendências de hoje, aprendi a ouvir as muitas palavras de sabedoria ensinadas por meus pais, meus avós, meus bisavós. Afinal de contas, eles criaram a rotina! Suas perspectivas provaram ser de valor incalculável.

Seu senso comum diz para sempre se lembrar de que seus filhos estão emprestados a você por algum tempo. Você não é dona deles. São indivíduos com suas próprias esperanças, sonhos, personalidade e temperamentos. Como mãe ou pai, seu trabalho é, acima de tudo, criar os filhos para que sejam independentes. Você deve criá-los para que saibam lidar com a falsidade na vida, bem como com as recompensas. Todo o restante da sua estratégia de criação deve originar do entendimento de que está criando os filhos para que sejam livres. Veja esta citação de Khalil Gibran, no livro *O profeta*. Sobre as crianças ele escreve:

> *Seus filhos não são seus filhos. São os filhos e filhas da saudade da Vida por si mesma. Eles vêm por você, mas não de você, e embora estejam contigo, ainda assim não lhe pertencem. Você é o arco do qual seus filhos, como flechas vivas, serão lançados.*[1]

Prometo que é fácil!

Seu marido gosta de cozinhar? Deixe-o cozinhar! Mesmo que ele não goste, tente fazer um acordo de divisão das tarefas na cozinha – a menos que, claro, você ame cozinhar.

Colocado de forma simples, diz que você cria seus filhos de modo que possam deixar os pais e se dar bem no mundo. Seu único trabalho é dar aos seus filhos conhecimento, experiência e meios para serem capazes de viver sem você *e* para serem membros úteis e independentes da sociedade. Que tarefa! *Não* é nada fácil, como também é repleto de riscos, além de exigir sacrifício e coragem.

Para tentar criar seus filhos para a independência, há três orientações básicas que acredito poderem manter você no caminho. Ironicamente, somente *uma* delas está diretamente relacionada aos seus filhos.

1. Cuide de você.
2. Cuide do seu cônjuge
3. Aprenda a dizer não aos seus filhos.

Cuide de você

O primeiro e mais importante passo para criar seus filhos para a independência é cuidar de você mesma. Quando você é a cuidadora principal, fica fácil esquecer de cuidar de você e, até mesmo de suas necessidades. A maternidade é uma proposta diária de 24 horas.

As necessidades das crianças são predominantes, então por que as *suas* necessidades são tão importantes enquanto você os cria? Suas necessidades são importantes pela mesma razão por que uma comissária de voo lhe diz para colocar a máscara de oxigênio em você primeiro para depois colocar em seus filhos, em caso de emergência. Você precisa cuidar de si mesma para poder cuidar do seu filho.

Prometo que é fácil!

Se você não tiver tempo para mais nada, arrume ao menos tempo para um banho. Coloque o bebê na cadeirinha de balanço no chão, brinque de "cadê o nenê" com a cortina do banheiro se preciso for, mas reserve alguns minutos para se refrescar.

Quando as suas necessidades são sempre colocadas em segundo plano, seu humor e estado de espírito também são afetados. Isto é, o ressentimento pode se espalhar por toda a família. Isso afeta não apenas a forma como eles interagem com você, mas também como interagem uns com os outros. Com o passar dos anos, isso pode ter consequências sérias para o seu relacionamento com seu marido e toda a sua família. Não sacrifique a sua felicidade pela família porque eles vão perceber sua infelicidade e ficarão infelizes também. Assim, encontrar tempo para si mesma garante a estabilidade da família. Além disso, atender as suas próprias necessidades força você a deixar sua família agir por si mesma um pouco. Com o tempo, essa independência forçada ajuda seus filhos a se tornarem mais autossuficientes. Você obterá sucesso ao permitir que seus filhos cuidem de si mesmos.

Se você for mãe de primeira viagem, isso pode parecer insano. Como você pode imaginar qualquer coisa que não seja as necessidades do seu bebê? Esse pensamento é compreensível. Você está focada no bebê e nas necessidades dele. Nesse momento não consegue nem pensar em quando poderá pensar em você novamente. Mas eu prometo que o bebê vai crescer!

Conforme ele for crescendo e você começar a se sentir mais confortável com a maternidade, tente pensar em si mesma de pequenas formas. Antes de se dar conta, seu bebê será capaz de ficar em pé sozinho, dormir sozinho e rolar. Conforme você for vendo as mudanças acontecendo, lembre-se de que quanto maior seu filho for, mais independente ele será e não haverá problemas em se lembrar das suas próprias necessidades. Em que necessidades a mãe recente começa a pensar? Vamos começar com as necessidades pessoais que são deixadas de lado após o nascimento do bebê.

Aposto que você pode nomear a primeira atividade pessoal deixada pra lá quando uma mulher tem um filho. É como um episódio de *Family feud*.* Perguntamos a 100 mulheres qual é a primeira atividade pessoal deixada de lado quando se tem um filho. E a resposta da pesquisa foi: "Ir ao salão de beleza". Bingo, bingo, bingo! Por que tantas desistem do cabelo depois do nascimento do bebê? A resposta é porque uma hora no cabeleireiro é a atividade pessoal que toma mais tempo, você fica longe de casa, além de parecer frívola. Não é a mesma coisa que ir ao supermercado. Sei de mulheres que ficaram meses depois de terem bebês sem ir arrumar o cabelo.

Estranho, não é? Seu cabelo é a característica pessoal mais óbvia a você. Você se olha no espelho todos os dias e não pode evitar olhar para ele. Ironicamente, bem quando começou a se sentir você mesma novamente depois do nascimento, você começa a não ter mais a mesma aparência! Talvez se sinta culpada por deixar o bebê tão cedo para um compromisso de duas horas. Imploro a você, não deixe para depois. Depois de duas semanas após o parto, você já poderá dirigir,

* *Family feud* é um jogo da TV estadunidense em que várias famílias disputam entre si. *Family* significa "família" e *feud* significa "disputa", então *Family feud* significa "disputa entre famílias". Sua formula básica são perguntas em forma de pesquisa feitas para cem pessoas. As famílias tentam adivinhar as respostas mais votadas. No final, a família vencedora retorna ao próximo programa. No Brasil, o programa estreou em 1979 com o nome de Jogo das famílias e encerrava o Programa Silvio Santos aos domingos. Nos anos 1980, chegou a ter uma versão exibida na TV Bandeirantes, Familionária, apresentada por Jonas Bloch, de segunda a sexta no fim de tarde. Voltou em 1984 ao Programa Silvio Santos com algumas modificações, e a principal era transformar em famílias elencos de telenovelas, apresentadores, misses, até a turma do Bozo. Só voltaria ao ar com o título original da TV estadunidense, *Family feud*, em 2005. (N. da T.)

então marque uma hora. Por mais tolo que pareça, um dos primeiros passos para ser uma boa mãe é arrumar o cabelo.

> **Prometo que é fácil!**
>
> **Se alguém oferecer ajuda (lavar a roupa ou a louça, limpar seu banheiro, fazer o jantar), diga "sim, obrigada". E deixe a pessoa fazer! Você pode fazer o mesmo por alguém um dia desses, e sua recompensa será o agradecimento dessa pessoa pelo seu apoio!**

Da mesma forma, quando você acordar pela manhã, não deixe de tomar banho. Se o bebê chorar, deixe-o chorar. Deixe-o no berço ou coloque-o na cadeirinha de balanço no chão enquanto toma banho. Ele vai estar bem. Tudo começa a parecer melhor depois que se toma um banho. Se você tem o hábito de usar maquiagem, reserve cinco minutos para fazer isso.

Esses são só alguns exemplos de como você pode continuar a pensar em suas necessidades pessoais depois do nascimento do bebê. Mais tarde, conforme o bebê crescer, você pode começar a pensar em outras áreas que pode querer explorar. Por exemplo, você pode estar pensando em voltar para a escola ou fazer um curso noturno, ou ainda aprender uma nova habilidade. A questão é: não adie os seus sonhos por causa de seu filho. Isso é importante, mesmo se você focar em apenas uma coisa.

Lembre-se: se você tem interesses que extrapolam as necessidades da sua família, ir atrás deles ajuda a sua família a ser mais autossuficiente. Ter outros interesses que a fazem feliz traz mais equilíbrio a você e um senso de responsabilidade e orgulho aos membros de sua família em suas realizações devido à sua recém-descoberta independência. É importante perceber que você não está apenas ensinando as crianças a se comportarem, mas também ensinando-as a serem pais. Por mais difícil que seja, algum dia você terá de lhes dar asas para fazerem suas próprias escolhas no mundo.

Não deixe sua vida em segundo plano até eles terem 18 anos. Uma amiga um dia me disse que, quando se tem filhos, eles deveriam aprender a se adaptar a *sua* rotina, e não o contrário. Além disso, veja seus filhos como acréscimos a sua família, e não como o centro dela, o que nos leva à próxima regra.

Cuide de seu marido

Além de deixar você por último, você também pode ficar tentada a deixar seu marido por último (tudo bem, talvez penúltimo). Mas, lembre-se, seu marido faz parte da sua família também – na verdade, é o primeiro membro da sua família. Ele também está passando por mudanças. Agora precisa compartilhá-las com você. Muitos homens se preocupam com a mudança no relacionamento com a esposa depois do nascimento do bebê.

Além das preocupações imediatas de se ter uma nova boca para alimentar, os pais provavelmente terão um elevado senso de mudança em seu relacionamento um com o outro, tanto sexualmente quanto em outros aspectos. Converse com ele sobre isso. Seja otimista com as informações que são importantes para ele – ou seja, quando você sentir que consegue retomar a vida sexual. Por mais clichê que pareça, sexo será o assunto mais importante para ele. Passar um tempo a sós com ele pode ajudar a colocar o sexo como prioridade para você também. Planeje algum tempo com ele para que você também se anime. Não adie o namoro até o bebê completar um ano. Faça com que seu marido saiba que você está disposta a passar algumas horas com ele longe do bebê.

Seu relacionamento com seu marido é extremamente importante, pois um casamento saudável é o melhor presente para os filhos. Estar ao lado de duas pessoas que se amam e se respeitam oferece uma segurança genuína à criança. Além disso, lembre-se de que você está ensinando seu filho a ser o cônjuge de alguém. Ele vai aprender, observando você e seu marido, como seu cônjuge deve ser tratado – então, priorize seu marido.

Agora, isso não significa que você tem de ignorar as necessidades do bebê para atender as do seu marido. *Significa* que, se ele quiser ficar com você, talvez você deva fazer isso em vez de limpar o banheiro. O banheiro pode esperar, seu relacionamento com seu marido não. *Significa* que você deve tentar *não* levar o bebê para sua cama. O VI Mandamento, conforme descrito no Capítulo 7 diz claramente: “não deverá levar o bebê para sua cama”. A cama é algo que você divide com o seu marido. Levar o bebê para esse domínio diz ao marido que ele *não* é mais o número 1. *Significa* que você deve deixar o bebê chorar um pouco no meio da noite para voltar a dormir (depois de aproximadamente três meses). Tente se lembrar de que você está casada com seu marido, não com o bebê. O bebê vai crescer e ir embora, mas seu marido estará por perto o resto da sua vida.

Agora, para garantir que seus filhos realmente *vão embora* um dia, você deve seguir a terceira orientação de dizer não a eles.

Aprenda a dizer não

No filme *Desafio no Bronx*, o chefe da máfia está falando com um garoto que o idolatra. O adolescente pergunta: “É melhor ser temido ou amado?”. O chefão diz: “É melhor ser os dois, mas prefiro ser temido”. Substitua “temido” por “respeitado” e você terá a resposta vencedora de como ser a mãe ou o pai perfeito. Insista no respeito de seus filhos e o bom comportamento virá em seguida. Sem o respeito, pode ser que você jogue a toalha. Com isso em mente, há muitas situações que irão testar sua determinação de optar pelo respeito. O primeiro e mais importante teste será a sua habilidade de dizer não aos seus filhos.

Dizer não é uma das coisas mais difíceis que os pais têm de fazer. É realmente muito injusto. As crianças vêm para a sua vida completamente dependentes de você. São criaturinhas indefesas que precisam de você para tudo no começo e você tem de fazer tudo por elas. Você logo se acostuma a fazer tudo por elas, acalmando-as quando choram. Seu objetivo é fazê-las felizes e contentes. Então, antes de você se dar conta, tem de exigir que elas façam as coisas por si mesmas e as deixa infelizes dizendo não. Parece a maior contradição. Mas "não" pode ser a palavra mais importante do vocabulário dos pais.

> **Prometo que é fácil!**
>
> **Confie nos seus instintos. Sempre. No que diz respeito aos filhos, ouça a sua voz interior.**

É minha teoria que dizer não quando apropriado é *a* forma de exigir respeito de seus filhos. O respeito gera indivíduos produtivos, felizes e ativos. Para provar minha tese, convido-a a unir-se a mim numa viagem ao futuro. Ela se iniciará na época em que seu filho começar a andar.

Você e seu bebê estão brincando com outras crianças. Todas as crianças estão se agarrando a suas mães nos primeiros cinco minutos, até que começam a se aventurar. Começam a explorar. De repente, seu filho chegou perto da televisão. No momento, ele não corre nenhum perigo imediato (acho que todos podemos concordar em dizer não quando a criança está em perigo), pois a TV está presa a um apoio e não há como ele tropeçar. Contudo, você percebe que o proprietário da casa está ficando ansioso. Em resposta a essa situação você:

A. Não faz nada. O proprietário da casa deve perceber que se trata de crianças e crianças sempre serão crianças – são feitas para explorar.
B. Levanta-se imediatamente e tira fisicamente o bebê do alcance da TV, dizendo "não" enquanto o faz.
C. Da posição em que está diz: "Não toque nisso!"

Creio que é provável acreditarmos que a resposta a essa pergunta seria a alternativa B. Na verdade, eu teria levantado quantas vezes fossem precisas, dizendo "não" o tempo todo. Isso pode colocar um fim a suas investidas aos passeios com as crianças (pode apostar que eu não saía muito), mas é importante mostrar a seu filho que é você quem manda e que respeitar outras coisas é mais importante ainda, é a lição número 1. Essa lição não pode começar tarde demais. Além disso, seu "balde do respeito" vai começar a encher. Um balde do respeito é um recipiente imaginário com a quantidade de respeito que seus filhos têm por você.

Vamos dar uma olhada nas outras respostas e em suas consequências. A resposta A seria a mais fácil. Afinal de contas, você está cansada, o bebê não está correndo riscos, e esse encontro é para ser um momento de folga para você, certo? Mas como está o seu balde do respeito? Vazio. A resposta C parece boa, mas a solução é confusa para o bebê. "O que exatamente a mamãe está dizendo que não devo tocar?" E também, "a mamãe não está levantando para dizer o que não devo tocar como ela fez antes quando eu toquei no forno, então não deve ser importante". Como está o seu balde do respeito agora? Metade cheio.

Você pode achar que tocar uma TV não é nada de mais, então por que todo esse barulho? A maneira como lida com o toque na TV é um teste. É importante lidar com esse comportamento o mais cedo possível e sempre que percebê-lo. Respeitar as outras pessoas e chamar a atenção do seu filho é um passo importante que será testado repetidas vezes. Quando você perceber um comportamento que não gosta, precisa lidar com ele no momento em que ocorre e toda vez que se repetir para que o comportamento adequado floresça. Não é uma tarefa fácil. Por que você acha que há tantas crianças problemáticas por aí? Tudo o que você tem a fazer é assistir à *Supernanny* para ver as crianças botando fogo em casa. A razão desse comportamento está no fato de ser bem mais difícil lidar com o mau comportamento na hora em que ele acontece. É bem mais fácil tolerá-lo, fingir que não viu, ou apenas esperar que desapareça, a curto prazo pelo menos.

Meus pais me disseram uma vez que as crianças estão essencialmente formadas na época em que completam sete anos. Não sei quem disse isso originalmente, mas acredito. Com isso em mente, você deve ficar atenta aos comportamentos importantes que seus filhos demonstram cedo na vida e lidar com eles. Não existe *mais tarde*. Se você lidar com o que vê agora, pode não ser um problema mais tarde.

Mas, vamos continuar com nossa viagem ao futuro. Seu filho está um pouco mais velho agora. Você está no supermercado e seu filho no carrinho. Ele tem idade suficiente para reconhecer as balas na fila do caixa. Falta uma hora para o jantar. Há uma longa fila de pessoas agitadas atrás de você. Como você lida com a situação.

A. Dá a bala para ele. É só uma bala afinal de contas.

B. Você diz: "Não, já vamos jantar".

C. Dá outra coisa do carrinho para ele comer.

Prometo que é fácil!

Pode ser que você ache mais fácil não ter seu recém-nascido no mesmo quarto que você. Eles fazem tantos barulhos com seus gemidinhos que talvez você fique a noite toda acordada, preocupada se o bebê está bem, e não durma absolutamente nada.

Você sabe que a resposta é a B, claro (C pode ser uma solução decente, mas não deixa de ser enganação). Agora, a forma como seu filho reage pode depender da forma como você lidou com todas as questões que antecederam esta. Uma vez que você começa a dizer não, seu filho vai se acostumar a ouvir. Quando as crianças se acostumam a ouvir, não ficam mais tão chateadas por não conseguirem o que querem. Isso não que dizer que não resmunguem ou reclamem, mas não vão surtar, berrando no chão na frente das pessoas nervosas, cansadas, que a estão julgando na fila atrás de você. (A propósito, se seu filho surtar, não ceda. Fique firme. Você vai se livrar da fila em breve, e não há um pai vivo no mundo que não entenda. Para os que ficam encarando, ignore-os e sinta-se bem com o fato de você estar fazendo a coisa certa dizendo não. Seu balde do respeito estará um pouco mais cheio quando isso acabar.)

Tudo bem, de volta ao futuro. Seu filho tem três ou quatro anos. Você está num programa de férias e sentada no meio de uma plateia. O lugar está lotado. As pessoas que acamparam do lado de fora do prédio na noite anterior pegaram todos os melhores lugares e você e seu marido estão sentados em lugares separados. Seu filho está entediado e com calor e não quer ficar quieto. O que você faz?

A. Deixa que ele corra para cima e para baixo no corredor para se manter ocupado. As pessoas entendem que as crianças não conseguem parar quietas, certo?

B. Mantém o garoto entretido com balas ou brinquedinhos no chão, fazendo com que todo mundo ao seu redor não aproveite o *show*, mesmo embora você devesse aproveitar o *show* também.

C. Tira a criança do auditório e espera ter mais sorte para ver o *show* no próximo ano.

Agora, você já entendeu. Escolha C e seu filho entenderá que você fala sério. Seu balde do respeito está tão cheio que, quando a próxima situação acontecer, seu filho ouvirá o seu conselho bem respeitado.

Sua filha tem dezesseis anos. Está no seu primeiro encontro. As coisas vão bem até que chega a hora de voltar para casa e o namorado faz um movimento que a deixa desconfortável. Quando a sua filha chegar em casa você pergunta como foi. O que ela vai fazer?

A. Dizer que foi tudo bem e ir para cama.

B. Dizer o que aconteceu.

C. Dizer o que aconteceu e pedir conselho.

Ao mesmo tempo em que B seria ótimo, C seria ainda melhor. Pode apostar que o balde do respeito está bem cheio para que se tenha essa resposta. Se houvesse a alternativa D, seria ela contar o que aconteceu, pedir conselho e aceitá-lo. Vamos tentar não ir com tanta sede ao pote.

O objetivo desse exercício não é atingir a perfeição. Só Deus sabe quantas vezes eu falhei dizendo sim quando deveria ter dito não, mas estava cansada e frustrada. A ideia é lidar com os comportamentos negativos de uma forma consistente (escapadas ocasionais são compreensíveis). Especialmente, certifique-se de lidar bem com as seguintes situações.

1. Seu filho lhe faltou com o respeito.
2. Seu filho desrespeitou outra pessoa.
3. Seu filho está sendo destrutivo.

Haverá muitos outros testes para resolver para que se exija respeito. Uma das pressões que as mães da Era da Informação sentem é a de serem a "amigona" de seus filhos.

Na nossa sociedade, há muita ênfase nesse estilo de maternidade Mamãe e Eu. Nossa geração parece fazer mais coisas com os filhos. Sentamos nos chão e jogamos com eles, fazemos exercícios com eles e combinamos encontros com os amigos deles. Verdade seja dita, nunca me acostumei muito bem com essas coisas. Não que não tentasse. Tentei brincar de boneco com meu filho quando bebê. Não sabia o que fazer com o Batman, o Homem-Aranha e os X-Men. Havia a batcaverna e o batnavio, a motocicleta do Homem-Aranha e as luvas do Homem-Aranha. Assim que coloquei o Batman na caverna, ele ficava sentado lá. Por que não prestei mais atenção ao último episódio de Batman e Robin na TV em vez de dobrar roupas? Tentei criar um pequeno diálogo. "Oi Batman, tudo bem? Tudo ótimo, Robin, e você?" Meu filho olhava para mim como se eu tivesse duas cabeças. Desanimada, ligava para minha mãe e dizia: – Por que não tenho paciência para brincar com ele? – e minha mãe respondia: – Claudine, você é adulta. Como você espera se divertir com uma brincadeira para uma criança de oito anos?

Sei, sei, temos de ser todas as coisas para nossos filhos e brincamos com eles frequentemente. Se você não for particularmente criativa dessa forma, aconselho a oferecer às crianças um ambiente seguro para brincar e alguns brinquedos para que eles descubram o que fazer. O fato de que você está por perto deixará seus filhos seguros e felizes.

O conceito de estar por perto é interessante com seus filhos. Minha amiga me diz que em Espanhol esse conceito de "estar por perto" é chamado de "a sombra" ou *la sombra*. Significa ficar por perto enquanto eles brincam sem necessariamente brincar com eles. Estar por perto significa que seus filhos sabem que você está lá se precisarem, mas têm a independência e a confiança de descobrir suas brincadeiras, brinquedos e projetos por conta própria. Conforme vão crescendo, é um conceito que pode ser bem útil. Eles provavelmente não vão mais querer brincar com você, mas ainda vão querer você por perto. Às vezes, procuro ficar no mesmo lugar da casa em que meu filho de treze anos está. Embora ele esteja no computador e eu dobrando a roupa, há sempre uma chance de conversarmos sobre algo – especialmente se as irmãs dele não estiverem por perto.

Resumo

Criar os filhos demanda coragem, sacrifício e perseverança. Às vezes parece que estamos no meio de uma maratona. E quando você está cansada, você tropeça. Sei o que devo fazer ao responder ao comportamento dos meus filhos, mas às vezes estou tão cansada. Então, o que uma mãe tem de fazer? Tem de tentar dormir, manter o controle e tentar com mais força da próxima vez. Converso com meus pais, meu marido, meus amigos e meus colegas de trabalho. Tento aprender o que funciona e o que não dá certo. Quando tropeço, não desisto. Continuo tentando. Lembre-se: essas sugestões não são fáceis e certamente não serão cumpridas sem falhas. Use-as como um manual e perdoe os próprios lapsos. Acima de tudo, desejo-lhe sorte. É preciso um bocado dela também.

Glossário da mamãe de primeira viagem

Tudo bem... isso não é um glossário de termos técnicos como os que costumamos encontrar em outros livros. É mais uma colagem de palavras e expressões que aparecem conforme você vai se embrenhando na vida diária de uma mãe de primeira viagem. Divirta-se!

* *AB – Antes do bebê* – preciso dizer mais alguma coisa?

* *amamentar quando necessário* – Termo que designa alimentar sempre que o bebê tiver fome. Então tá. E como é que você sabe que o bebê está com fome? Ah, é aí que está o problema. A verdade é que, no começo, você não sabe quando o bebê está com fome – pelo menos eu não sabia. Então, nas primeiras semanas você vai alimentar o bebê numa rotina de 24 horas por dia, 7 dias na semana. Venha para a luz, comece a fazer uma rotina para o bebê.

* *audição biônica* – A audição superior que toda mãe de primeira viagem desenvolve no momento em que volta do hospital.

* *autorrealização* – Conceito de Maslow sobre o processo em que cada pessoa alcança o melhor de si mesmo. Meio como no filme *O feitiço do tempo*, em que Bill Murray é obrigado a viver o mesmo dia repetidas vezes até fazer a coisa certa. Todos nós temos o direito de alcançar nosso potencial máximo.

* *balde do respeito* – Uma unidade de medida, mais relacionada à aferição de quanto respeito seus filhos têm por você em determinado momento da vida.

* *bebê bonzinho* – Um bebê que dorme muito e não chora muito. (Ouvi dizer que eles existem, mas nunca tive um desses.)

* *bolsas de gelo* – Feitas para mães de primeira viagem, são a melhor invenção, ao lado da peridural. Atenção: também podem ser usadas depois do grande acontecimento para qualquer ferimento que exija o uso de uma bolsa de gelo.

* *capítulos assustadores* – Informação bem-intencionada, mas assustadora, referente ao nascimento e ao que acontece depois dele. Essas histórias estão por toda parte – em livros, em revistas e dentro de toda e qualquer mulher que vê que você está grávida. Meu conselho: não leia (nem ouça) tais informações a menos que você tenha uma boa razão para isso.

* *cheio de sopa* – Ditado favorito da minha avó. Significa o mesmo que "cheio de bobagem".

* *contas* – Ao fazer "aquilo" você espera que o resultado seja gravidez.

* *a conversa* – Quando você finalmente decide sentar seu marido no sofá e realmente conversar com ele sobre todos os assuntos que esteve evitando antes da chegada do bebê. Gosto de chamar esse momento de arrepios nos pelos da nuca do marido. Espera-se que a conversa aconteça antes de o pacotinho chegar; contudo, não é incomum que aconteça depois da chegada dele.

* *curso básico para entender o choro do bebê* – O curso imaginário que eu deveria ter frequentado antes de trazer o bebê para casa. É sério, eu não tinha ideia de que um bebê choraria tanto. Pensei que estivesse fazendo alguma coisa errada. É isso que você ganha quando limita sua pesquisa aos programas da TV a cabo.

* *dona de casa* – Quem sabe? A definição dessa palavra evolui a cada geração. Basta dizer que a mulher de hoje toma conta da casa e de tudo relacionado a isso. Pode ser uma mãe que trabalhe fora ou não. Similar à mulher biônica. Ela tem uma carreira normal durante o dia e transforma-se em uma super-heroína do tipo espiã quando necessário.

* *Família Sol-Lá-Si-Dó* – Uma comédia dos anos 1970 que acredito ter encapsulado quase todas as lições da vida. Talvez você se lembre do famoso episódio em que Bobby sente que sua nova madrasta, Carol, não vai amá-lo por ele ser seu enteado. Ele faz uma malinha para fugir e ela o encontra ao pé da escada com a sua própria mala para fugir com ele! É brincadeira? Estou chorando ao digitar isso! É um ótimo material. Obviamente, eu não saía muito de casa quando era uma criança dos anos 1970.

* *guerras das mães* – Termo usado para descrever a batalha contínua, real ou percebida, entre as mães que "trabalham" e as

que ficam em casa. Você acredita que isso existe? Pode apostar que sim!

* *A história de um bebê*, do canal TLC – O Learning Channel é um canal da TV a cabo que mostra experiências reais da vida. Com certeza você está familiarizada com o programa *História de um casamento*. Agora você vai se tornar especializada nos programas *História de um bebê* e *Trazendo um bebê para casa*.*

* *La sombra* – Em espanhol significa "a sombra". Um conceito que recomenda que você fique perto do bebê, mas não em cima dele, de modo que ele possa aprender por conta própria.

* *maníaca por amamentação* – Toda enfermeira ou especialista em lactação que faz a maior pressão para que a mãe de primeira viagem amamente.

* *mundo das mães que ficam em casa* – A nova fronteira: um mundo de brincadeiras, carrinhos, passeios aos *shoppings*, novos amigos, parquinhos e trepa-trepas.

* *nova surdez* – A doença que abate seu marido no momento em que ele retorna do hospital com um recém-nascido.

* *prontidão* – O barômetro da nossa geração a partir do qual decidimos procriar.

* *rotina do bebê* – Em alguns âmbitos essa palavra é considerada tabu. (Você entendeu a explicação sobre a Família Sol-Lá-Si-Dó?) No mundo das mães de primeira viagem é um presente de Deus. Explicando de forma simplificada, a rotina do bebê

* No Brasil, todos esses programas são exibidos pelo canal Discovery Home and Health. (N. da T.)

é alimentá-lo e colocá-lo para dormir em horários específicos do dia. Adote-a, ame-a, faça dela uma coisa só sua!

* *sentimento de culpa* – A culpa que todas as mães sentem por não estarem "dando" ao seu filho e sua família 100% do seu tempo.

* *síndrome do terceiro filho* – O efeito que o terceiro filho tem sobre as técnicas de criação. Quando o terceiro filho chega, as coisas que costumavam preocupar você não mais preocupam tanto assim. "Quer ver TV, mocinho? Divirta-se". "O que é isso? Quer comer M&Ms no café da manhã? Pode pegar!"

* *superabsorventes* – Feitos especialmente para as mães de primeira viagem, são os reis da máxima proteção feminina.

* *super-homem* – O anestesista que aplica a peridural.

* *tentando* – Fazer "aquilo" com a experiência de conceber uma pessoa.

* *velhas mulheres estranhas* – Mulheres completamente estranhas que fazem comentários durante a sua gravidez e, depois, sobre o comportamento dos seus filhos. O melhor a fazer é: sorria de forma educada e siga em frente.

Fontes de pesquisa

A verdade é que você não terá muito tempo para ler qualquer livro do começo ao fim. Você deve escolhê-lo com sabedoria, já que seu tempo é limitado. As fontes de pesquisa que apresento aqui se dividem em duas categorias distintas. Primeiro as que são tão úteis que você não pode deixar de lê-las. Depois, livros e *websites* que você talvez queira dar uma olhada quando tiver uns minutinhos sobrando no seu dia.

Leia estes primeiro!

Livros

* *Baby and childcare* do Dr. Spock*, 6ª edição, de Benjamin Spock e Michael Rothenberg. Essa é a "bíblia do bebê". Neste livro você encontrará respostas às suas perguntas sobre cuidados

* O livro do Dr. Spock não foi lançado em língua portuguesa no Brasil. Sendo assim, para as mães brasileiras, a "bíblia do bebê" sempre foi o livro *A vida do bebê*, do Dr. Rinaldo De Lamare. (N. da T.)

com bebês e crianças. Está escrito de forma sucinta e com a bondade que a mãe de primeira viagem necessita. Lá você não encontra sentimento de culpa algum. O livro contém um ótimo índice, fazendo com que se torne uma referência fácil quando você precisar de uma resposta rápida. É surpreendente como pode também ser facilmente lido de cabo a rabo.

* *A máscara da maternidade*, de Susan Maushart. Meu livro favorito sobre maternidade. Se você procura honestidade em relação à maternidade, nele vai encontrar. Este livro pode ser lido em tópicos, conforme você for vivenciando as fases da maternidade. A senhorita Maushart tira a "máscara" da maternidade, revelando os sentimentos que as mulheres escondem às vezes por medo de serem tachadas de más mães.

* *Irmãos sem rivalidade*, de Adele Faber e Elaine Mazlih. Este é facilmente *o* livro ideal para os pais. Pode ser que você nunca mais precise ler outro livro sobre como criar seus filhos – tudo bem, estou exagerando um pouco. Percepções verdadeiramente boas sobre como a mente da criança funciona são encontradas neste livro. É fácil de ler, simples e sensato por suas atividades práticas.

* *Nana nenê*, de Gary Ezzo e Robert Bucknam, M.D. Este é um ótimo livro para a mãe que procura uma rotina flexível de sono e alimentação para o bebê. Os autores incluem um interessante panorama sobre a história por detrás das técnicas de educação dos filhos. Técnicas de amamentação e mamadeira são descritas de forma detalhada e fácil entendimento.

Websites

* *www.Help4NewMoms.com* – Meu *website* tem toda a ajuda que uma mãe de primeira viagem pode precisar. Utilize todos os conselhos de que precisar sobre as questões relacionadas às mães de primeira viagem para facilitar a sua vida. Dê uma olhada na seção "confissões verdadeiras das mães", em que as mães falam a realidade sobre a experiência da maternidade. Sinta-se à vontade para contribuir com seus pensamentos para as mães que navegarão depois de você. Baixe gratuitamente uma rotina para o bebê. Faça uma pausa para dar algumas risadas.

* *www.justmommies.com* – Este é um ótimo *website* para mães interessadas em quadros de mensagens. Você pode se cadastrar para escrever no quadro ou simplesmente ler as mensagens deixadas sobre todos os assuntos relacionados a mães e bebês imagináveis. Se estiver interessada em um tópico em particular e quiser fazer uma pergunta, o *site* manda *e-mails* com as respostas fornecidas pelos participantes dos grupos. As mulheres do *Just mommies* são de grande ajuda e oferecem muito apoio.

* *www.babycenter.com* – Adote este *website*, pois oferece muitas coisas gratuitas às mães de primeira viagem. Há sempre um calendário ou um plano anual disponível e formas divertidas de mapear sua gravidez e o crescimento do bebê. O *site* também tem um quadro de mensagens. É útil e um dos melhores da Internet em artigos pontuais.

* *www.cafemom.com* – Este é o meu *website* com os quadros de mensagem favoritos. Tem uma característica de quadro social de mensagens, em que você se cadastra com um grupo de

amigas ao mesmo tempo para conversarem entre si, bem parecido com o Facebook. O *site* é muito inteligente e tem os últimos e melhores gráficos, ícones e símbolos.

* *www.hybridmom.com* – É um ótimo *website* para quem se considera uma "mãe híbrida". Você é mãe, mas é um monte de outras coisas também. O pessoal do *site* Hybrid Mom entende isso e fornece um veículo de informação para que você seja ouvida e possa ler o que outras mulheres como você estão fazendo. Hybrid Mom tem blogueiras bem intensas em sua equipe, assim como uma revista trimestral disponível nos Estados Unidos.

* *www.pantley.com/elizabeth* – O *website* de Elizabeth Pantley. Ela tem ótimas ideias para bebês e crianças, especialmente sobre o tópico sono. Oferece algumas folhas em branco que podem ser baixadas e usadas para se anotar uma rotina. O *site* ajuda muito em relação aos cuidados com o bebê e a criança.

* *www.drspock.com* – Você já sabe que sou fã do Dr. Spock. O que eu mais gosto no *site* dele é a maravilhosa seção de perguntas e respostas com conselhos na ponta da língua. Às vezes você tem uma questão muito específica e quer uma resposta imediata.

Websites em língua portuguesa

* *www.guiadobebe.com.br* – *Website* com uma infinita variedade de assuntos sobre gravidez, maternidade, parto, cuidados com o bebê. Possui colunas e artigos variados escritos por médicos. Há muito material gratuito que pode ser baixado e impresso para acompanhar a gravidez e o crescimento do bebê.

* *www.brasil.babycenter.com* – Este *site* possui as mesmas características do internacional, porém com artigos e conteúdos voltados à mãe brasileira. E o mais importante, escrito em língua portuguesa.

Quando estiver pronta
Livros

* *The inappropriate baby book*, de Jennifer Stinson
* *Sippy cups are not for Chardonnay*, de Stephanie Wilder-Taylor
* *The rookie Mom's handbook*, de Heather Flett
* *The colic chronicles*, de Tara Kompare
* *Mothers need time-outs*, Too, de Susan Callhan
* *Mojomom*, de Amy Tiemann
* *Mommy's high heel shoes*, de Kristie Finnan
* *Absolutely organized*, de Deb Lillard
* *The second nine months*, de Vicki Glembocki
* *Peeing in peace*, de Beth Feldman
* *Baby laughs*, de Jenny McCarthy
* *A mística feminina*, de Betty Friedan
* *Eu era uma ótima mãe até ter filhos*, de Trisha Ashworth e Amy Nobile
* *The price of motherhood*, de Ann Crittenden
* *O profeta*, de Kahil Gibran
* *A tenda vermelha*, de Anita Diamant
* *O direito de ser humano: biografia de Abraham Maslow*, de Edward Hoffman

Mais títulos em língua portuguesa

* *Como cuidar de bebês e crianças pequenas*, de Maria Tereza Maldonado
* *Quem ama, educa!*, de Içami Tiba

* *Grávida e bela*, Carla Goes Sallet
* *Coleção Você e seu filho*, de Michelle Kennedy
* *Mothern: Manual da mãe moderna*, Juliana Sampaio e Laura Guimarães
* *As 500 melhores coisas de ser mãe*, Juliana Sampaio e Laura Guimarães

Blogs para mães

* *www.babyonbored.blogspot.com* – O *blog* para mães de Stephanie Wilder-Taylor. Taylor comenta de forma honesta e bem-humorada sobre tudo: sua vida, seus gêmeos, seu casamento, suas consultas médicas e o que acontece no meio disso. Ela envolve o público com debates e questões diferentes. Seu *blog* é sempre divertido.

* *www.Mom2My6Pack.blogspot.com* – Mãe de cinco filhos compartilha os altos e baixos da vida em postagens histéricas dia após dia. Inclui fotos de coisas que encontra no quintal ou no telhado. Sua vida é o espelho de muitas mães por aí e com isso ela oferece um grande suspiro de alívio a essas pessoas. Não sei como ela consegue, mas sempre me faz rir.

* *www.mom-101.blogspot.com* – *Blog* divertido, repleto de questões sobre a vida real das mães. Liz é uma talentosa escritora que conhece seu público, pois vive a maternidade com ele. Você vai gostar de curtir uma folga em seu dia com as histórias dela.

* *www.literarymom.com* – Escritos de mães sobre todo o tipo de assunto, às vezes bem sérios. Se você estiver interessada em escrever, este pode ser o ponto de partida para seu trabalho.

*

* *www.mojomom.blogspot.com* – *Site* interessantes para mães e questões relacionadas. Amy Tiemann é a autora do livro *Mojomom*. Seu *blog* é muito bom e mantém as mães informadas sobre os mais recentes assuntos relacionados a elas. Ela pesquisa temas atuais, de forma que não precisamos fazer isso. Dê uma olhada no *blog* dela para se informar sobre as melhores e mais recentes questões relacionadas a política, cinema, literatura e mídia.

Blogs brasileiros

* *http://www.mothern.blogspot.com/* – *Blog* para a mãe moderna, que tem múltiplas funções mas que quer saber sobre as últimas tendências da maternidade e da criação de filhos de forma bem-humorada.

* *http://anunes.e-familyblog.com/* – *Blog* que aborda todos os assuntos possíveis sobre gravidez, nascimento e cuidados com os filhos de maneira séria e profissional. Utiliza-se muito do modelo de perguntas e respostas.

Notas

Capítulo 2

1. Dr. Bhavani Shankar Kodali, M.D., "History of childbirth pain relief," ["Histórico de alívio de dor durante trabalho de parto"] **www.painfreebirthing.com/evolution.htm**
2. Stephanie Wilder-Taylor, *Sippy cups are not for Chardonnay* [*Copos de treinamento não servem Chardonnay*] (New York: Simon Spotlight Entertainment, 2006), p. 13.
3. Jenny McCarthy, *Baby laughs* [*Piadas de bebês*] (New York: Penguin Group, 2006), p. 15.

Capítulo 4

1. Centros para controle de doenças e prevenção, "Informação provisória – Pesquisa Nacional de Imunização, nascimentos em 2005" **http://www/cdc/gov/breastfeeding/data/NIS_data/data_2005.htm**
2. Brigham Young University, "New breastfeeding survey study shows moms quit early" ["Nova pesquisa sobre amamentação revela que as mães desistem cedo"] **http://byunews.byu.edu/print.aspx?realease=archive08/Jul/breastfeed**
3. Academia Americana de Pediatria, "Breastfeeding and use of human milk" ["Amamentação e o uso do leite humano"], Regimento da AAP **http://aapolicy.aapublications.org/cgi/content/full/pediatrics%3b100/6/1035#reference**
4. Wilder-Taylor, p. 10
5. Ask Dr. Sears, "What attachment parenting is – the seven B's" ["Qual o tipo de ligação emocional dos pais – os 7 B's"] **http://www.askdrsears.com/ht,l/10/T130300.asp**

Capítulo 6

1. Wilder-Taylor, p. 150.
2. American College of Obstetricians and Gynecologists, "Getting in shape after your baby is Born" ["Entrando em forma depois do nascimento do bebê"], ACOG **http://www.acog.org/publications/patient_education/bp131.cfm**
3. WebMD, "Get your body back after pregnancy" ["Recupere seu corpo depois da gravidez"] **http://women.webmed.com/features/get-you-body-back-after--pregnancy?print=true**

Capítulo 7

1. Extraído do livro do Dr. Spock, *Baby and childcare* [*Cuidados com bebês e crianças*], de Benjamin Spock, M.D., e Michael Rothenberg, M.D. Copyright 1945, 1946, 1957, 1968, 1976, 1985, 1992, por Benjamin Spock M.D., reimpresso com permissão da Pocket Books, uma subdivisão da Simon & Shuster, Inc. p. 247.
2. Teresa Pitman, *Fear of spoiling* [Medo de mimar] **http://www.todaysparent.com/pregnancybirth/article.jsp?content=3923&page=1**
3. Spock e Rothenberg, p. 11.

Capítulo 8

1. Spock e Rothenberg, p. 99
2. Karen Rizzo, *New Mom's handbook* [*Cartilha da mamãe de primeira viagem*], *Fit pregnancy* [*Gravidez em forma*], Abril-Maio de 2003.
3. Spock e Rothenberg, p. 102.

Capítulo 9

1. Censo norte-americano, "Fertility of American women: June 2004" ["Fertilidade da mulher norte-americana: Junho de 2004"] **http://www.census.gov/population/www/scodemo/fertility.html**
2. Lee Lusardi Connor, *Guide for smart working Moms* [*Guia para mães inteligentes que trabalham fora*] **http://redbookmag.com/print-this/kids-family/asvice/smart--working-mom-guide-hl?click=main_sr**
3. BabyCenter, "How do I make sure may boss knows I'm working hard IF can't put long hours?" ["Como posso ter certeza de que meu chefe sabe que estou trabalhando seriamente se não posso fazer hora extra?"] **http://babycenter.com/404_how-do-i-make-sure-my-boss-knows--im-working-hard-if-i-cant-p_6118.bc**

Capítulo 10

1. Dra. Laura Schlessinger, *Do que os homens gostam* (São Paulo: Sextante, 2005)
2. Spock e Rothenberg, p. 17.

Capítulo 11

1. Ann Crittenden, *The price of motherhood* [*O preço da maternidade*] (New York: Henry Holt & Co., 2001), p. 131.
2. Crittenden, 139.
3. Betty Freidan, *A mística feminina* (São Paulo: Vozes, 1971.)
4. Crittenden, p. 138.

Capítulo 12

1. Susan Maushart, *Profissão: esposa. A doce ilusão do casamento* (São Paulo: Melhoramentos, 2007.)

Capítulo 13

1. Abraham H. Maslow, *Introdução à psicologia do ser* (2005).
2. Ibid.
3. *Quotations page, Quotations from Martha Graham [Citações de Martha Graham]* **http://quotationspage.com**

Capítulo 14

1. Kahil Gibran, *O profeta* (São Paulo: Madras, 2006.)

Índice remissivo

M

R

S

T

V

W

Elogios ao livro

Vai ficar mais fácil...

e outras mentiras que contamos às mamães de primeira viagem,

de Claudine Wolk

"A autora realizou um trabalho incrível ao fazer com que seu livro se sobressaísse em meio à pletora de guias disponíveis a futuras mamães. Seu estilo diz tudo. Há tantos mitos associados à maternidade e tantos sentimentos de culpa que frequentemente se associam. Contudo, a autora tranquiliza a leitora, mostrando que ela não está sozinha, e faz isso com leveza e inteligência. Há uma maravilhosa análise sobre a mãe que fica em casa e a mãe que sai para trabalhar. Realmente me identifiquei com Claudine e mal posso esperar para ver mais livros dela!"

Tara Kompare,
autora de *The colic chronicles*

"Novo! Prático! Realista! Se esse é o tipo de conselho que você gostaria de ouvir, leia este livro. Claudine Wolk jogou fora as fórmulas das velhas donas de casa e reuniu as dicas mais úteis sobre tópicos que realmente interessam."

Dra. Suzanne Zoglio, psicóloga,
autora de *Create a life that tickles your soul*

"Em *Vai ficar mais fácil... e outras mentiras que contamos às mamães de primeira viagem* você vai encontrar conselhos sem censura que nunca ouviu antes. Claudine conta a verdade, com honestidade e humor! Qualquer uma de suas dicas pode poupar horas de discussão ou até mesmo diminuir o tempo que você e seu bebê ficam acordados à noite."

Dra. Amy Tiemann, psicóloga,
autora do premiado *Mojo Mom: nurturing your self while raising a family* e criadora do
MojoMom.com

"Sempre que as mulheres, especialmente as mães, conversam umas com as outras sobre suas experiências, elas só têm a ganhar com o poderoso bem que se espalha. Foi o que Claudine Wolk fez neste livro. Tiro meu chapéu para ela."

Kate Fratti, colunista,
Bucks County Courier Times

"É o livro perfeito para mães de primeira viagem (ou futuras mães), pois fala das ciladas e obstáculos que toda mãe inevitavelmente enfrenta, e Wolk, com empatia, alegria e, o mais importante, otimismo, escreveu um guia que permite às mães saberem que tudo vai ficar bem. As informações que Wolk nos dá não têm preço. *Vai ficar mais fácil...* também faz um ótimo trabalho ao suscitar confiança nas mamães do mundo."

Jennifer Teaford,
coordenadora de eventos da Doylestown Bookstore

"*Vai ficar mais fácil...* é uma ótima leitura – informações importantes de forma rápida, fácil e bem-humorada."

Dra. Leslie Frankel, obstetra e ginecologista,
Abington Hospital, Abington, PA